Louis Liard

Logique

Paris
G. Masson Editeur

COURS DE PHILOSOPHIE

LOGIQUE

A LA MÊME LIBRAIRIE

Introduction à l'étude de la psychologie, par M. HANNEQUIN, chargé d'un cours complémentaire de philosophie à la Faculté des lettres de Lyon. 1 vol. in-18.   1 fr. 50

EN PRÉPARATION

Psychologie, par M. HANNEQUIN.

Philosophie générale ; — Métaphysique, par M. LIARD.
    Le *Cours de philosophie* sera complet en 4 parties.

4590 + 2220 — Imprimerie Lahure, rue de Fleurus, 9, à Paris. — 22937

COURS DE PHILOSOPHIE

LOGIQUE — PSYCHOLOGIE — MORALE — PHILOSOPHIE GÉNÉRALE

LOGIQUE

PAR

LOUIS LIARD

TROISIÈME ÉDITION

PARIS

G. MASSON, ÉDITEUR

120, BOULEVARD SAINT-GERMAIN, 120

1892

Tous droits réservés

LOGIQUE

INTRODUCTION

DÉFINITION ET DIVISION DE LA LOGIQUE.

Toute science a une **matière :** c'est l'objet dont elle cherche les lois. Ainsi la matière de la géométrie est l'étendue figurée ; celle de l'astronomie, les astres ; celle de la biologie, les phénomènes de la vie ; celle de la psychologie, les phénomènes psychiques. — Toute science a aussi une **forme :** c'est l'ensemble des procédés qu'elle met en œuvre pour arriver à connaître les lois de l'objet qu'elle étudie.

Cet ensemble de procédés varie d'une science à l'autre. Le géomètre, pour découvrir et démontrer un théorème, ne procède pas de la même façon que le physicien pour découvrir et établir la loi de tel ou tel phénomène physique. Cette diversité résulte de la diversité même des matières des sciences. L'objet de la géométrie diffère de l'objet de la physique. Il est dès lors naturel que pour trouver les lois de l'un on ne procède pas de la même façon que pour trouver les lois de l'autre.

Mais ces formes diverses des sciences différentes sont l'œuvre d'un même esprit. L'esprit qui démontre que la somme des trois angles d'un triangle rectiligne est équivalente à deux angles droits, est le même qui établit les lois de la chute des corps, et celles des phénomènes vitaux. Pour changer d'objet, l'esprit ne change pas de nature; malgré les caractères particuliers qu'elles revêtent en s'appliquant à des matières différentes, ses opérations ont toujours quelque chose de commun; elles obéissent à des lois indépendantes de l'objet auquel elles s'appliquent, et ces lois dérivent, non de l'objet pensé, mais de la pensée elle-même.

Établir ces lois de la pensée considérée en elle-même, abstraction faite des objets auxquels elle s'applique, puis en déterminer les applications différentes, voilà le double objet de la logique.

On peut donc définir cette science : **la science des formes de la pensée.**

Division de la logique. — De cette définition résulte la division de la logique en deux grandes parties :

1° La logique étudiera d'abord les formes de la pensée en ce qu'elles ont de général et de commun ;

2° Elle étudiera ensuite la forme de chaque science en particulier.

La première partie porte le nom de **logique pure, formelle** ou **théorique**; la seconde s'appelle logique **particulière** ou **appliquée.** Comme l'ensemble des procédés de connaissance qui constituent la forme d'une science déterminée s'appelle une méthode, il vaut mieux donner à cette seconde partie de la logique le nom de **méthodologie** ou science des méthodes.

D'après ce qui précède, on pourrait croire que la méthodologie doit venir avant la logique pure. Si en effet celle-ci a pour objet les lois de la pensée qui sont engagées dans les formes des différentes sciences, ne devrait-on pas, pour les connaître, étudier chacune de ces formes en particulier, et en extraire ce qu'elles ont de commun? Mais toute science particulière suppose l'exercice des opérations essentielles de la pensée et des lois qui les régissent. Pour connaître ces lois, il suffit donc de considérer les opérations intellectuelles en elles-mêmes, en dehors des cadres des sciences particulières.

On voit par là comment le champ de la logique est aussi étendu que celui des sciences, sans pourtant se confondre avec lui. Toute connaissance, pour être légitime, doit être formée conformément aux lois de la pensée; mais alors même qu'on supposerait l'esprit humain fonctionnant à vide, ou plutôt sur des matériaux étrangers aux réalités que les sciences étudient, la logique pure n'en aurait pas moins un objet.

La logique, d'après la définition que nous en avons donnée, est à la fois une **science** et un **art;** elle est une science, puisqu'elle a pour objet les lois qui régissent un objet déterminé, la pensée en tant que pensée; elle est un art, puisque de ces lois elle tire des règles pratiques pour discerner le mauvais usage de l'usage légitime de la pensée, et pour diriger l'esprit dans la recherche de la vérité.

LIVRE PREMIER

LOGIQUE FORMELLE

CHAPITRE PREMIER

DES NOTIONS ET DES TERMES.

Notre connaissance débute par l'intuition ou appréhension directe de faits en nous et hors de nous : Je souffre; j'écris ; le soleil brille. Ces intuitions, toujours limitées à certains instants déterminés du temps et à certains points déterminés de l'espace, fournissent les matériaux de la pensée. La logique n'a pas à rechercher comment elles se forment ; c'est affaire à la psychologie. La logique commence lorsque, par les opérations de l'esprit, nous formons des assemblages avec les matériaux fournis par l'intuition.

Ces assemblages sont de trois sortes : les **notions** ; les **jugements** et les **inférences**. Les notions sont exprimées dans le langage par les **termes** ; les jugements par les **propositions**, et les inférences par les **raisonnements**.

Notions et termes. — Notion et idée sont, dans le sens le plus général, mots synonymes. Rigoureusement, le mot terme signifie limite, — *terminus*. Les termes, ainsi entendus, sont les limites de la proposition, le *sujet* par lequel elle commence, le *prédicat* par lequel elle finit. Dans le langage courant, terme est synonyme de *nom*. D'après Hobbes, « un nom est un mot pris arbitrairement pour servir de marque qui puisse susciter dans notre esprit une idée semblable à une idée que nous avons déjà eue auparavant, et qui, quand nous le prononçons, puisse être pour ceux qui l'entendent, le signe de l'idée que nous avons dans l'esprit ». Il en résulte que les termes n'ont de sens que par les idées ou notions qu'ils désignent, et que termes et notions sont inséparablement unis. Toute notion suppose un terme auquel elle est attachée comme à un signe ; tout terme, sous peine de n'être qu'un son sans signification, suppose une idée qu'il exprime.

Notions concrètes et notions abstraites. — Les notions sont *concrètes* ou *abstraites*. L'intuition d'une chose, dans un instant du temps et dans un point de l'espace, est *concrète*. Elle est l'ensemble, la réunion, — *concretum* — d'un certain nombre de qualités. L'image de cette feuille de papier sur laquelle j'écris, est étendue ; elle a une forme déterminée ; elle est blanche, etc. — Mais cette réunion de qualités, données simultanément, n'est pas inséparable. L'esprit peut à son gré les isoler l'une de l'autre, et les considérer à part. Ainsi, dans l'image concrète de cette feuille de papier, je puis négliger la forme et considérer seulement la couleur, ou bien ne considérer que la couleur et négliger la forme. Alors du *concretum* donné de qualités, *j'extrais* ou *j'abstrais* une qualité déterminée. De la notion concrète, je suis passé à la notion *abstraite*, du corps blanc et étendu, à la blancheur ou à la forme rectangulaire.

Tel est, dans l'extrême rigueur, le sens des mots concret et abstrait. Mais, dans le langage courant, on appelle terme concret le nom de toute chose comprenant plusieurs qualités, que ce nom s'applique à une ou à plusieurs choses semblables. Ainsi *maison blanche* sera un terme concret par rapport au terme abstrait *blancheur*, qui ne désigne pas une chose possédant plusieurs qualités, mais seulement une qualité ou circonstance d'une chose.

De même les noms qui désignent des groupes de qualités appartenant à plusieurs individus, peuvent être considérés comme des termes abstraits par opposition aux termes qui désignent les individus ; chien, par exemple, est abstrait par rapport à chacun des chiens que j'ai vus, car c'est des images de chacun d'eux que j'ai extrait la notion de chien, qui leur convient à tous.

Termes positifs et termes négatifs. — Considérés à un autre point de vue, les termes sont *positifs* ou *négatifs* ; positifs, quand ils signifient la présence d'une qualité : lumière, lumineux, métal, métallique ; négatifs, quand ils signifient l'absence de la même qualité, non-lumière, non-lumineux, non-métal, non-métallique. Certains logiciens ont distingué les termes opposés deux à deux en termes **contradictoires** et en termes **contraires**. Les termes *contradictoires* seraient ceux dont l'un nie ce que l'autre implique, et que, par conséquent, nous ne pouvons supposer appliqués en même temps à une même chose, par exemple existant et non-existant ; lumineux et non-lumineux ; les termes *contraires* seraient ceux qui expriment sous des formes également positives des qualités incompatibles, par exemple lumière et ténèbres ; élémentaire et composé. — Envisagée logiquement, cette distinction qui a sa raison d'être dans le langage, s'évanouit ; ténèbres est le terme négatif de lumière, c'est la non-lumière ; composé est de même le terme négatif d'élémentaire, c'est le non-élémentaire.

Notons ici qu'il importe de ne pas confondre la présence ou l'absence d'une qualité avec le degré de cette même qualité. *Plus petit* n'est pas le terme négatif de *plus grand*. Plus petit et plus grand sont opposés l'un à l'autre, mais ils supposent une autre alternative, *égal*. Au contraire, lorsqu'il s'agit de la présence ou de l'absence d'une qualité, il n'y a pas de milieu; tels sont métallique et non-métallique; vertébré et non-vertébré. Tout terme positif est accompagné dans la pensée, sinon dans le vocabulaire, d'un terme négatif correspondant.

Termes singuliers et termes généraux. — Nous avons déjà parlé de termes qui ne peuvent être dits que d'un seul objet, et de termes qui peuvent être dits de plusieurs objets. Les premiers sont les termes *singuliers*, tels que *moi, ma femme, mon fils, Paris, Thiers,* cette écritoire où je trempe ma plume, et plus généralement tous les noms propres; les autres sont les termes *généraux* ou *universels :* homme, femme, fils, ville, président de république; chacun d'eux peut être dit d'un nombre illimité d'objets et d'individus distincts, qui se ressemblent par certaines qualités.

Nous passons des notions individuelles ou singulières aux notions générales ou universelles par la généralisation, qui implique la comparaison et l'abstraction. Je vois deux chiens; l'image de l'un ne coïncide pas exactement avec celle de l'autre; mais en les comparant, je remarque entre elles certaines ressemblances; j'élimine par la pensée ce que chacune a de propre, et retenant ce qu'elles ont de commun, j'en compose une notion qui s'applique également à l'un ou à l'autre des chiens considérés. Pour plus de simplicité nous n'avons pris que deux individus; mais qu'on en prenne autant qu'on voudra, le double procédé d'élimination des qualités individuelles et de fusion en une notion unique des qualités communes sera toujours le même.

Un terme général peut être *distribué*, c'est-à-dire appliqué à chacun des objets qu'il désigne ; planète, par exemple, peut être distribué de la façon suivante : la planète Vénus, la planète Mars, la planète Neptune, etc.

Il importe de ne pas confondre les termes généraux et les termes **collectifs**. Un terme collectif est le nom d'un nombre déterminé d'objets pris dans leur ensemble, et applicable seulement à cet ensemble ; exemple : les soldats du 57e de ligne ; les membres du jury criminel de la Seine. Chacun de ces termes désigne une collection finie d'individus, et ne peut être appliqué, comme le terme général, à chacun d'eux en particulier. A parler rigoureusement, le terme collectif, bien que désignant une pluralité d'individus ou d'objets, est singulier, puisqu'au fond il désigne par un pluriel la collection de ces individus et de ces objets. Au contraire le nombre d'objets ou d'individus auquel s'applique et peut s'appliquer un terme général est indéfini. Le mot *homme* désigne tous les hommes réels et possibles, et si le nombre en est fini, il n'est pas déterminé ; il peut s'accroître ou diminuer.

CHAPITRE II

DES NOTIONS ET DES TERMES : EXTENSION ET COMPRÉHENSION

La logique considère dans les notions et dans les termes deux propriétés essentielles, **l'extension** et la **compréhension.**

Un terme donné *désigne* certains individus et certains objets; en même temps il *signifie* certaines qualités ou propriétés. L'extension d'un terme est l'ensemble des individus ou des objets qu'il désigne; la compréhension de ce même terme est l'ensemble des qualités qu'il signifie.

Expliquons ceci par des exemples. J'appelle *homme* Jean, Pierre, Paul, etc.; on appelait de même leurs aïeux; ou appellera de même leurs descendants; je donne le nom de *métal* au fer, au cuivre, au platine, à l'or, à l'argent, à l'aluminium. L'ensemble des individus desquels on peut dire qu'ils sont hommes, voilà l'extension de ce terme; l'ensemble des objets qu'on peut appeler des métaux, voilà l'extension du terme métal. Mais pour que Jean, Pierre, Paul et les autres individus puissent être appelés hommes, il faut qu'ils possèdent tous certaines qualités, qu'ils soient des êtres vivants, des animaux, des vertébrés parmi les animaux, des mammifères parmi les vertébrés, des bimanes parmi les mammifères. La somme de ces qualités, voilà la compréhension du terme homme. De même, pour que le fer, le cuivre, l'or, etc., soient appelés métaux, il faut qu'il possèdent un certain nombre de propriétés déterminées, qu'ils soient des substances simples, qu'ils soient bons conducteurs de la chaleur et de l'électricité, qu'ils aient ce pouvoir particulier de réfléchir la lumière, qui a reçu le nom de pouvoir métallique. La somme de ces propriétés, voilà la compréhension du terme métal.

Toute notion, tout terme a une *extension* et une *compréhension* déterminées. Tantôt le terme ne désigne qu'un seul individu, ce qui est le cas des noms propres et des termes singuliers : Victor Hugo, le président de la Chambre des députés; tantôt il en désigne un nombre indéterminé, comme les termes généraux, homme, animal. — Tantôt le terme ne signifie qu'une seule qualité, comme les termes purement abstraits : blancheur, égalité; tantôt il en signifie un nombre plus ou moins grand, comme les termes généraux concrets, les blancs, les choses égales, et les termes singuliers et les noms propres.

On a parfois contesté aux noms propres la propriété d'avoir une compréhension déterminée, et on a soutenu qu'ils servaient simplement de marque à un individu, sans avoir de signification. Rien n'est moins exact. Tout nom propre a un sens en compréhension; par exemple, quand je prononce le nom de Thiers, j'entends un homme qui se distingue des autres hommes par un certain nombre de qualités particulières, par exemple, par ce fait d'avoir écrit l'*Histoire du Consulat et de l'Empire*, et d'avoir été président de la République française.

Si nous comparons différents termes ayant entre eux certains rapports, nous constatons que ceux dont l'extension est la plus grande ont en même temps la moindre compréhension, et réciproquement. Ainsi *animal* s'étend à un plus grand nombre d'êtres qu'*animal vertébré*, puisque tous les animaux ne sont pas vertébrés; mais l'*animal vertébré* a plus de compréhension qu'animal, puisque animal vertébré signifie l'ensemble des qualités communes à tous les animaux, plus les qualités propres à la catégorie d'animaux qui a reçu le nom de vertébrés.

Pour une raison semblable, *vertébré mammifère* a plus de compréhension et moins d'extension que vertébré; on en dirait autant de *mammifère quadrumane* par rapport à mammifère. Ainsi, dans une série de termes en rapport les uns avec les autres, *à mesure que l'extension s'accroît, la compréhension diminue ; à mesure que l'extension diminue, la compréhension s'accroît.* Soit le terme *métal;* en y ajoutant la qualité de *malléable,* j'en augmente la compréhension, mais j'en diminue l'extension, car tous les métaux ne sont pas malléables.

Il ne faudrait pas croire que ces variations respectives de l'extension et de la compréhension s'accomplissent toujours suivant une proportion exacte et constante. Ainsi, en joignant tour à tour au terme *animal* les termes *raisonnable* et *vertébré,* je n'en diminue pas l'extension dans la même proportion ; le nombre des animaux raisonnables est beaucoup moins considérable que celui des animaux vertébrés.

L'extension et la compréhension d'un terme ne sont pas des quantités fixes et invariables. Souvent il arrive qu'un nom vient à être appliqué à des objets plus nombreux qu'auparavant; la chose a lieu lorsqu'on découvre une ressemblance ou bien entre des objets qui paraissaient auparavant n'avoir que des dissemblances, ou bien entre des objets connus et de nouveaux objets qui n'étaient pas encore nommés. Tel est, par exemple, le mot *alcool.* Il a désigné d'abord l'esprit-de-vin ; puis il a été étendu à d'autres substances entre l'esprit-de-vin et lesquelles la chimie a découvert des ressemblances de composition. Inversement l'extension de certains termes peut diminuer ; à l'origine, la *physique* était la science de la nature en général ; ce mot a fini par ne plus désigner qu'une province de l'immense domaine qu'il désignait auparavant. — La compréhension est chose plus variable encore ; le contenu de la plupart de nos idées se modifie nécessairement à mesure que l'expérience les rectifie et les complète. La plupart des termes scientifiques sont loin d'avoir aujourd'hui le même sens qu'il y a seulement un siècle. L'homme est toujours pour nous comme pour les anciens *l'animal raisonnable,* mais combien plus de choses que les anciens nous faisons tenir dans ces deux mots ! Le mot *animal* est aujourd'hui le résumé d'un nombre considérable de découvertes, et si la raison n'a pas changé, il faut cependant ou bien nier les progrès de la philosophie, ou reconnaître que les lois et les limites de la raison nous sont aujourd'hui mieux connues qu'elles ne l'étaient aux anciens sages qui les premiers proclamèrent l'homme un animal raisonnable. — Mais n'insistons pas davantage sur ce point, car ces variations dans l'extension et la compréhension des termes sont l'affaire des sciences et non de la logique pure.

CHAPITRE III

DES NOTIONS ET DES TERMES : LA CLASSIFICATION ET LA DIVISION.

Nos différentes idées n'ont pas même extension, ni même compréhension. Il en résulte qu'elles peuvent se distribuer en groupes suivant une hiérarchie dont les degrés sont déterminés par les degrés mêmes de leur extension. Ainsi animal a plus d'extension que vertébré et invertébré; vertébré en a plus que mammifère, oiseau, poisson, reptile et batracien; oiseau en a plus que rapace, gallinacé, échassier, grimpeur, palmipède et passereau. Dans un autre ordre d'idées, ligne a plus d'extension que ligne droite et ligne courbe; ligne courbe en a plus que circonférence, ellipse, parabole, hyperbole, spirale, etc. La distribution des idées et des termes suivant l'ordre de l'extension, s'appelle **classification.**

Les notions ne peuvent entrer dans les cadres d'une classification qu'à la condition d'avoir entre elles certains rapports; ligne courbe ne saurait se classer avec oiseau; mais oiseau se classe avec mammifère, parce que l'un et l'autre ont certains caractères communs.

Les divers groupes d'une classification portent en logique pure le nom d'**espèces** et de **genres**, espèces désignant les groupes contenus dans un groupe plus étendu, et genre désignant le groupe plus étendu qui contient les espèces. Mammifère, oiseau, reptile, poisson, batracien sont des espèces par rapport à vertébré; circonférence, ellipse, parabole, hyperbole, spirale sont des espèces par rapport à ligne courbe, et vertébré est un genre par rapport à mammifère, oiseau, reptile, poisson, batracien; de même ligne courbe par rapport à circonférence, ellipse, hyperbole, parabole. Par suite, le genre peut être affirmé de tous les individus compris dans les espèces subordonnées: tout mammifère, tout oiseau, tout reptile, tout batracien est vertébré; mais la réciproque n'est pas vraie: l'espèce ne peut être affirmée du genre, car la compréhension se compose des qualités du genre, plus les qualités qui la distinguent des autres espèces du même genre; le mammifère, c'est le vertébré plus les qualités par lesquelles le mammifère diffère des oiseaux, des reptiles, des poissons et des batraciens.

Envisagées par rapport à leur genre, les espèces ont même importance au point de vue logique; on peut les représenter schématiquement de la façon suivante :

```
              Vertébré
┌──────────┬────────┬────────┬────────┬──────────┐
mammifère   oiseau   reptile  poisson  batracien
```

```
              ligne courbe
┌─────────────┬───────┬─────────┬──────────┬────────┬─────┐
circonférence  ellipse parabole  hyperbole  spirale  etc.
```

Toutes les notions générales, sauf la plus générale de toutes, la notion d'être, dont nous parlerons plus loin, peuvent jouer tour à tour le rôle d'espèce et celui de genre. Un genre donné peut avoir avec certains genres du même ordre des caractères communs ; la somme de ces caractères constitue une notion plus générale que chacune de celles d'où elle a été extraite ; ces genres deviennent alors espèces par rapport à ce genre plus étendu auquel ils ont donné naissance ; vertébré devient ainsi une espèce du genre animal. Inversement, la notion que sous un genre donné nous considérons comme une espèce, est elle-même un genre par rapport à des notions dans la compréhension desquelles elle est contenue avec d'autres qualités moins étendues ; oiseau, espèce du genre vertébré, est de la sorte genre par rapport aux espèces rapace, passereau, gallinacé, échassier, grimpeur, palmipède.

La classification superpose donc les espèces et les genres suivant les degrés de la généralisation. Si l'on prend pour point de départ les notions ou représentations individuelles qui, désignant chacune un seul individu, ne peuvent être tenues ni pour des genres, ni pour des espèces, on s'élèvera progressivement vers des notions de plus en plus générales, résumant à chaque degré nouveau ce qu'ont de commun les espèces inférieures, jusqu'à ce que de généralisation en généralisation, on parvienne au faîte commun de cette vaste hiérarchie, à l'idée la plus étendue, mais aussi la plus pauvre de toutes, à l'idée d'*être* en général, que les anciens logiciens ont appelée **summum genus**, le genre suprême, pour marquer qu'au delà la pensée ne rencontrait plus rien.

Si l'on a compris ce qui précède sur l'économie logique de la classification, on verra aisément ce que les logiciens ont appelé la **différence spécifique**. Toutes les espèces rangées sous un même genre ont en commun certaines qualités, celles mêmes qui constituent le genre; mais elles se fondraient ensemble, si elles n'étaient distinguées par des qualités propres. L'ensemble de ces qualités qui s'ajoutent au genre pour constituer l'espèce, c'est la *différence spécifique*. Toute notion générale, sauf le *summum genus*, a donc pour facteurs constitutifs le genre et la différence spécifique; la circonférence a toutes les qualités générales de la courbe, et en outre certaines qualités propres qui ne se retrouvent pas dans les autres espèces de courbes.

Les qualités constitutives du genre et des différences spécifiques sont générales et constantes; en d'autres termes, elles se trouvent toujours dans tous les individus de l'espèce. Autre est l'**accident**. Par ce mot les logiciens désignent toute qualité qui peut appartenir ou non aux individus d'une classe. C'est un accident pour l'homme d'être chauve ou aveugle ; ce n'est pas une qualité constante de tous les hommes. A l'accident s'oppose l'**essence**; aux qualités accidentelles, les qualités essentielles. L'essence d'une notion n'est rien autre chose que la totalité des qualités constantes de tous les individus désignés par cette notion, c'est-à-dire le genre et la différence spécifique. Par suite, alors que l'accident varie et disparaît, l'essence demeure immuable ; l'homme subit les atteintes de l'âge sans cesser d'être homme.

Nous avons uniquement considéré, en traitant de la classification, les notions générales telles que homme, mammifère, vertébré. Mais les notions purement abstraites comme vert, bleu, blanc, juste, injuste, grand, petit, peuvent être également distribuées en genres et en espèces. L'abstraction ne va pas sans une généralisation implicite : la qualité extraite du *concretum* dans lequel elle est donnée, devient applicable à d'autres objets; la couleur blanche de ce papier que j'isole par la pensée des autres qualités auxquelles en fait elle est unie, n'est pas uniquement applicable à l'objet d'où je l'ai tirée. Il en résulte qu'il est possible d'établir certains degrés de généralité et de subordination entre des idées abstraites de même ordre. Ainsi le vert, le blanc, le bleu, etc., sont des espèces de la couleur; la couleur elle-même est une espèce des qualités physiques; les qualités physiques sont elles-mêmes une espèce des propriétés générales des corps.

De la classification nous sommes conduits à la **division**. La division logique est l'opération par laquelle nous distinguons les espèces d'un genre donné. Il suit de là qu'une qualité générique ne peut être la base d'une division d'un genre en espèces; comme elle se trouve dans toutes les espèces, elle ne peut servir à les distinguer l'une de l'autre.

Les règles de la division sont au nombre de trois :

1° La division doit être complète; en d'autres termes la somme des espèces entre lesquelles le genre est divisé doit être égale au genre.

2° Les espèces constitutives d'un genre doivent s'exclure l'une l'autre.

3° La division doit reposer sur un principe unique, par exemple si j'ai à diviser le genre *livre* en espèces, je ne dois pas le diviser en partie d'après le format, en partie d'après le contenu des livres.

Le *dichotomie* (δίχα, en deux, τέμνω, je coupe) est le procédé le plus exact de division logique. Elle consiste à diviser chaque genre en deux espèces à l'aide d'une différence :

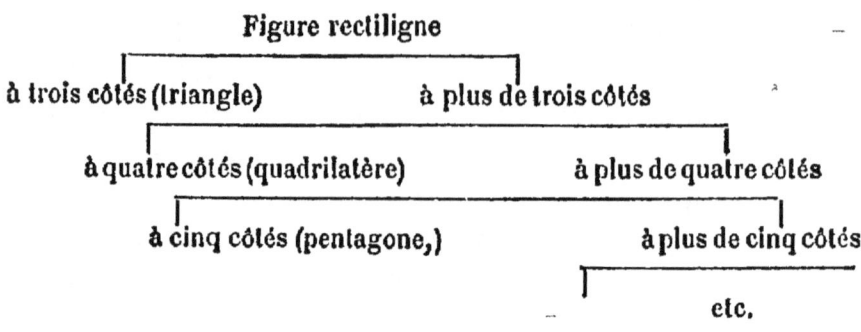

On voit que cette méthode est exhaustive, c'est-à-dire qu'elle épuise entièrement le genre donné.

CHAPITRE IV

DES NOTIONS ET DES TERMES ; LA DÉFINITION.

Nous savons que les notions générales se distribuent sous des genres de plus en plus étendus, jusqu'au *summum genus*. Chaque notion a ainsi, dans le système hiérarchique des notions, une circonscription déterminée. — Déterminer la circonscription d'une idée, c'est **définir** cette idée et le terme qui l'exprime.

Il résulte de là que, pour définir une idée, il faut en énoncer la compréhension. Soit l'idée d'homme : l'homme est un être ; il est un animal parmi les êtres ; un vertébré parmi les animaux ; un mammifère parmi les vertébrés ; enfin un bimane parmi les mammifères. La somme de ces qualités constitue la compréhension de l'idée d'homme ; elle en est en même temps la définition.

Si l'on considère toutes ces qualités suivant l'ordre de

l'extension décroissante, on voit que sauf une, la dernière, elles dépassent toutes l'extension de l'idée à définir ; l'homme n'est pas le seul être, le seul animal, le seul vertébré, le seul mammifère ; aucune de ces qualités ne peut être sa définition, puisque la circonscription de chacune d'elles est plus étendue que celle de l'idée d'homme. Mais chacune de ces qualités ajoutée à la précédente a pour effet d'en restreindre l'extension ; l'être animal a moins d'extension que l'être pur et simple ; l'animal vertébré en a moins que l'animal ; le vertébré mammifère en a moins que le vertébré ; enfin, si l'on ajoute à cette qualité de mammifère la qualité qui précisément distingue l'homme des autres mammifères, à savoir bimane, on voit que de réduction en réduction, on arrive à déterminer une circonscription égale à celle de l'idée à définir ; et comme mammifère implique vertébré, vertébré animal, animal être, il suffit, dans l'énoncé de la définition, d'indiquer le genre le plus rapproché de l'homme, et la différence par laquelle l'homme se distingue des autres espèces du même genre. C'est ce que les logiciens expriment en disant que la définition se fait par le *genre prochain* et la *différence spécifique*.

Si l'on se proposait seulement, en définissant une idée, d'en donner un signe qui permette de la distinguer de toutes les autres idées, il suffirait d'en indiquer la différence spécifique ; mais définir ce n'est pas seulement attacher à chaque idée une marque distinctive, c'est en tracer les limites. Le genre doit donc entrer dans l'énoncé de la définition, puisqu'il est en quelque sorte l'étoffe dans laquelle sont taillées les circonscriptions des différentes espèces. Par suite la définition s'arrête devant le *genre suprême* qui couvre de son universelle étendue toutes les idées de moindre extension.

On le voit, la définition se fait par l'*essence*, et non par l'*accident*, car l'accident est variable et n'est pas un des éléments permanents de l'idée ; d'ailleurs il n'en modifie pas les limites, puisqu'il s'attache aux qualités essentielles pour les modifier temporairement. Par suite les individus ne sauraient être définis, car ils n'ont pas entre eux de différences spécifiques, et ils ne se distinguent que par des accidents éphémères.

Si l'on considère les rapports de la notion définie et de sa définition, on voit que la définition est la notion développée, et que la notion est la définition condensée. Elles ont donc l'une et l'autre même extension ; elles sont équivalentes, et par suite elles peuvent être substituées l'une à l'autre dans les formules du langage ; je puis dire indifféremment : les hommes sont les mammifères bimanes, ou les mammifères bimanes sont les hommes.

De là résultent les deux règles fondamentales de la définition :

1° La définition doit convenir à tout le défini ;
2° La définition doit convenir au seul défini.

La première règle est une conséquence de la nature même de la définition. Si une définition laissait hors d'elle-même quelque partie de l'idée à définir, elle n'en déterminerait pas véritablement la circonscription ; elle n'en marquerait pas les limites exactes. La seconde règle est une conséquence de la première. Plusieurs individus peuvent avoir même essence sans se confondre, car ils se distinguent toujours par leurs accidents. Mais deux idées générales ne sauraient avoir même compréhension sans se fondre immédiatement en une seule. Comment la pensée les distinguerait-elle l'une de l'autre, puisqu'elles sont dépourvues d'accidents ? Il n'existe donc pas dans l'entendement humain deux idées générales de même compréhension, dès lors, si j'ai fait sortir de l'idée à définir toutes les qualités qu'elle contient, leur ensemble lui appartient en propre et ne convient qu'à elle.

A ces règles, on ajoute d'ordinaire deux autres règles relatives à la clarté du langage, à savoir qu'il ne faut pas employer dans la définition les termes par lesquels est désignée l'idée à définir, et qu'il ne faut se servir dans les définitions que de termes parfaitement clairs par eux-mêmes ou déjà définis.

CHAPITRE V

DES PROPOSITIONS.

Les notions ne sont que les matériaux de la pensée ; il n'y a pas encore pensée lorsque nous nous bornons à considérer des idées isolées les unes des autres, et comme flottant sans lien : homme, bon, triangle, équiangle, platine, malléable. La pensée commence avec l'**affirmation**. L'affirmation a pour effet d'unir des idées présentées séparément à l'esprit : l'homme *est* bon ; le platine *est* malléable ; ce triangle *est* équiangle.

L'affirmation est l'acte du **jugement** ; la **proposition** est l'énoncé d'un jugement. Toute proposition se compose de deux **termes** : le **sujet**, celui dont on affirme : l'homme, le platine, ce triangle ; l'attribut ou **prédicat**, celui qui est affirmé : bon, malléable, équiangle, et d'une **copule**, le verbe *est*, qui unit (*copulat*) le sujet et le prédicat.

Tous les verbes se ramènent au verbe *être* ; ils sont la synthèse de ce verbe et d'un attribut ; briller signifie être brillant ; aimer, être aimant. L'importante question du rôle du verbe revient donc à déterminer le rôle du verbe *est* dans la proposition.

Rôle du verbe dans la proposition. — Ce rôle est différent, suivant qu'on envisage la valeur objective ou la valeur logique de la proposition. Quand je dis : le soleil est brillant, je veux dire qu'il *existe* hors de moi un certain objet appelé soleil, et qu'une qualité de cet objet est de briller; le verbe *est* est ici tout à la fois le signe de l'existence réelle et le signe de la liaison d'un certain attribut avec un certain sujet. La logique pure ne se préoccupe pas de l'existence réelle des choses; elle traite des notions sans se demander si elles correspondent ou non à des réalités; elle les considère dans la pensée et non hors de la pensée. D'ailleurs l'existence objective n'est pas à proprement parler un attribut spécial des objets pensés; la chose existante, c'est la chose pensée par l'esprit, considérée comme réelle, hors de l'esprit, pour des raisons étrangères à la logique. La logique voit uniquement dans le verbe la liaison du sujet et du prédicat.

A ce point de vue toutes les significations du verbe *est* se réduisent à une double fonction essentielle, selon que l'on considère l'extension ou la compréhension des termes qu'il unit. Quand je dis l'homme est animal, j'entends : 1° qu'animal est un nom de tous les individus désignés par le nom homme; en d'autres termes, que la classe homme se trouve dans la classe animal, ou encore que l'idée homme entre dans l'extension de l'idée animal; 2° que toutes les qualités signifiées par le terme animal se trouvent au nombre des qualités signifiées par le terme homme, c'est-à-dire que l'idée animal fait partie de la compréhension de l'idée homme. Ainsi le verbe *est* signifie qu'au point de vue de l'extension des termes le sujet est inclus dans le prédicat, et qu'au point de vue de la compréhension, le prédicat est inclus dans le sujet.

Ces deux fonctions sont corrélatives l'une de l'autre. Pour que le nom animal soit applicable aux individus désignés par le nom homme, il faut que ces individus, outre leurs caractères propres, possèdent les caractères constitutifs de l'animal. Réciproquement, dire que la compréhension d'animal est comprise dans la compréhension d'homme, c'est déclarer implicitement qu'on peut appeler du nom d'animal les individus désignés par le nom d'homme.

La relation du prédicat et du sujet, marquée par le verbe, est donc au fond une relation d'identité. La classe homme est une partie de la classe animal; la compréhension d'animal est une partie du contenu de l'idée d'homme. Dans le cas pris pour exemple, l'identité est seulement partielle; tous les animaux ne sont pas hommes; l'animalité n'est pas tout l'homme. Mais dans d'autres cas l'identité du sujet et du prédicat est totale; exemple : l'homme est l'animal raisonnable; il n'y a d'animaux raisonnables que les hommes; les triangles équilatéraux sont équiangles; seuls les triangles équilatéraux sont équiangles. Les propositions de cette espèce prennent plus particulièrement le nom de propositions identiques. Remarquons que jamais, sauf dans les propositions tautologiques où le prédicat n'ajoute absolument rien au sens du sujet, comme A est A, il y a, au point de vue de la compréhension, identité totale entre le sujet et le prédicat. Dans la proposition : Louis XIV est le successeur de Louis XIII, il y a, au point de vue de l'extension, identité totale entre le prédicat et le sujet, car chacun d'eux désigne un seul et même individu; mais au point de vue de la compréhension la qualité d'avoir succédé à Louis XIII n'est qu'une des qualités de Louis XIV. De même, quand je dis la somme des trois angles d'un triangle est égale à deux angles droits, la propriété énoncée par le prédicat convient au seul sujet: mais elle n'est pas l'unique qualité qui le constitue. Seules les définitions font exception à cette règle, car leur prédicat n'est autre chose que le sujet développé; de l'un à l'autre, il n'y a pas différence de fond, mais seulement différence de forme.

Division des propositions. — Kant a divisé les jugements en **analytiques** et en **synthétiques**. Par les premiers nous affirmons d'un sujet un attribut qu'il contenait implicitement; ainsi le triangle a trois angles; l'attribut est obtenu par *analyse* ou décomposition du sujet. Par les seconds, nous affirmons d'un sujet un attribut qu'il ne contenait pas : la Terre est sphérique ; c'est l'expérience et le calcul qui nous ont appris cette propriété de la Terre; dans ce cas le jugement est une *synthèse*, une union du sujet et de l'attribut. La logique pure ne tient pas compte de cette différence qui dérive du mode de formation ou d'acquisition des connaissances. Elle considère des notions toutes faites, sans se demander comment elles ont été formées; elle laisse ce problème à la psychologie et à la métaphysique; pour elle les notions sont des totalités données qu'elle décompose; à ses yeux toutes les propositions sont analytiques.

Qualité des propositions: propositions affirmatives, propositions négatives. — La logique distingue dans les propositions la *qualité* et la *quantité*. La qualité d'une proposition, c'est son caractère affirmatif ou négatif. Certains logiciens ont soutenu que la négation ne différait pas au fond de l'affirmation. Nier qu'un certain attribut convienne à un sujet, c'est, disent-ils, affirmer qu'il ne lui convient pas ; dire : l'homme n'est pas quadrupède, c'est dire l'homme est non-quadrupède. Pourtant il faut distinguer ici entre les deux fonctions assignées plus haut au verbe *être*. S'il s'agit de l'inclusion du sujet dans l'extension du prédicat, toute négation revient à une affirmation. Tout attribut donné partage en effet la totalité des choses en deux parties, celles qui possèdent cet attribut et celles qui ne le possèdent pas; par exemple les quadrupèdes et les non-quadrupèdes. Par suite, dire : l'homme n'est pas quadrupède, c'est dire : l'homme fait partie de la classe des non-quadrupèdes. En ce sens la négation est une affirmation. Mais s'il s'agit de l'inclusion du prédicat dans la compréhension du sujet, on ne peut plus soutenir l'identité logique de la négation et de l'affirmation. Par l'affirmation, en effet, je déclare qu'un certain prédicat est contenu dans un certain sujet; par la négation, au contraire, je déclare qu'un certain attribut n'est pas contenu dans un sujet donné.

Quantité des propositions; propositions universelles et particulières. — Quand le sujet d'une proposition est pris dans toute son extension, la proposition est **universelle**; le prédicat est affirmé de tous les individus désignés par le sujet ; tous les métaux ou simplement les métaux sont bons conducteurs de la chaleur. Quand, au contraire, le sujet est pris seulement dans une partie de son extension, la proposition est **particulière** : quelques métaux s'oxydent à l'air. Le degré de particularité peut être déterminé — 90 hommes sur 100 sont égoïstes — ou indéterminé; dans ce cas, *quelques* signifie deux au moins des objets désignés par le sujet, et, au plus, tous moins un. Les propositions **singulières**, c'est-à-dire celles qui affirment ou nient un prédicat d'un seul individu rentrent dans les propositions universelles, car leur sujet est pris dans toute son extension.

On est convenu de désigner par A et I, voyelles contenues dans le mot *AffIrmo*, les propositions affirmatives, A désignant l'universelle et I la particulière ; par les lettres E et O, voyelles contenues dans le mot *nEgO*, les négatives, E désignant l'universelle, et O la particulière. De là ces vers mnémoniques :

> Asserit A negat E verum generaliter ambo,
> Asserit I negat O sed particulariter ambo.

Propositions conditionnelles; propositions hypothétiques; propositions disjonctives. — Les propositions que nous venons de considérer sont *inconditionnelles;* l'affirmation ou la négation qu'elles expriment n'est subordonnée à aucune condition ; on les appelle encore *catégoriques* — κατηγορεῖσθαι, affirmer. — Lorsqu'au contraire l'affirmation ou la négation énoncée est subordonnée à une condition, la proposition s'appelle **conditionnelle**.

Les propositions conditionnelles sont de deux sortes : les propositions **hypothétiques** et les propositions **disjonctives**.

Dans la proposition hypothétique, la condition est énoncée en une proposition précédée de la conjonction *si* ou de tout autre terme équivalent : *pourvu que; en admettant que; dans le cas où.* Exemple : *Si* vous savez la logique, vous raisonnerez juste. Il y a là deux propositions : la première qui énonce la condition à laquelle la seconde est subordonnée, c'est la proposition *antécédente;* la seconde qui est la proposition *conséquente.*

La proposition **disjonctive** énonce d'un même sujet les prédicats opposés qui peuvent en être affirmés sous certaines conditions données : Le temps est beau ou mauvais; — la saison de l'année est ou le printemps, ou l'été, ou l'automne, ou l'hiver.

CHAPITRE VI.

LES LOIS FORMELLES DE LA PENSÉE.

Les notions s'accouplent en propositions par l'acte du jugement. L'acte du raisonnement consiste à tirer des propositions nouvelles de propositions où elles étaient implicitement contenues. Il permet à l'esprit de se prononcer sur la convenance ou la disconvenance de notions données, en prenant pour garantie la convenance ou la disconvenance connue d'autres notions avec celles-ci. Il résulte de là qu'un raisonnement est un système de propositions enchaînées les unes aux autres.

Cet enchaînement se fait suivant certaines lois. Ces lois dérivent de la nature même de la pensée ; elles règlent tout exercice de la pensée, quels qu'en soient les matériaux divers; qu'il s'agisse de notions relatives aux choses physiques, de notions mathématiques, de notions symboliques, etc., elles sont toutes soumises, par cela seul qu'elles sont pensées, à certaines lois fondamentales, universelles et nécessaires, qu'on appelle lois formelles de la pensée. A ces lois formelles viendront s'ajouter, pour parfaire les raisonnements, suivant la nature des notions considérées, d'autres lois d'une application moins étendue, mais qui supposent les premières.

Les logiciens ont distingué trois lois formelles de la pensée :

1° **Le principe d'identité ;**

2° **Le principe de contradiction;**

3° **Le principe du milieu exclu.**

Le **principe d'identité** peut se formuler ainsi : *Ce qui est est.* Il signifie qu'il existe nécessairement une identité totale entre une notion et tous ses caractères constitutifs, par exemple entre homme et animal raisonnable, et une identité partielle entre cette même notion et chacun de ses caractères constitutifs, par exemple entre homme et animal et raisonnable. En d'autres termes, il énonce l'impossibilité où est l'esprit humain de penser une notion et ses caractères constitutifs comme réciproquement dissemblables. Une chose est elle-même ; elle est totalement l'ensemble de ses caractères, et partiellement chacun d'eux.

Le **principe de contradiction** s'énonce ainsi : *Une chose ne peut pas à la fois être et ne pas être.* — Quand une notion est déterminée par l'affirmation d'un certain caractère, il est impossible à l'esprit de penser que cette notion reste la même, lorsque ce caractère en est nié. Ainsi, l'homme est raisonnable ; je ne puis penser que l'homme est non-raisonnable ; deux attributs contradictoires, qui s'excluent l'un l'autre, ne peuvent coexister dans le même sujet ; A ne saurait être à la fois B et non-B.

Le **principe du milieu exclu**, — *toute chose doit être ou ne pas être*, — énonce cette condition de la pensée qui nous force à penser comme existante l'une ou l'autre de deux notions contradictoires qui ne peuvent coexister. Soit une qualité quelconque, je ne puis pas ne pas déclarer qu'elle appartient ou n'appartient pas à un sujet donné ; entre l'affirmation et la négation, il n'y a pas de milieu. Ainsi, soit la qualité B et sa contradictoire non-B, un sujet quelconque A est nécessairement B ou non-B.

Ce principe semble souffrir des exceptions. On peut soutenir, en effet, qu'il y a parfois un milieu entre deux notions opposées ; chaud s'oppose à froid ; entre les deux, tiède est un milieu. La contradiction n'est qu'apparente ; l'alternative logique n'est pas entre froid et chaud, mais entre froid et non-froid. Les degrés de la chaleur et du froid sont une question de quantité et non pas affaire d'opposition logique. De l'eau à 10 degrés est chaude par rapport à de l'eau à 0 degré ; mais cette chaleur peut s'élever de 10 à 100, de 100 à 1000 degrés, sans que pour cela l'alternative logique de chaud et de froid soit modifiée.

On peut dire encore que le principe du milieu exclu ne s'applique pas à toutes les notions. Soit le sujet *vertu* et l'attribut *triangulaire;* en vertu du principe, on devrait dire : La vertu est triangulaire ou non-triangulaire. Or la vertu, qualité morale de l'homme, n'est ni l'une ni l'autre de ces choses. — C'est vrai ; mais l'absurdité apparente de la proposition : la vertu est triangulaire ou non-triangulaire, résulte d'une interprétation incomplète de l'expression non-triangulaire. Si l'on désigne par là toute figure qui a plus ou moins de trois angles, il est clair qu'elle ne s'applique pas à la vertu ; mais logiquement le sens de non-triangulaire est plus étendu ; il comprend non seulement les choses figurées qui ne sont pas des triangles, mais aussi toutes les choses non figurées. La vertu est de ce nombre.

Recherchons maintenant si ces trois principes sont trois lois de la pensée irréductibles l'une à l'autre, ou au contraire trois formes différentes d'un même fait fondamental. Pour résoudre cette question, considérons non pas les principes eux-mêmes, ni les applications variées qu'on en a faites, mais les opérations primitives par lesquelles nous constituons et posons les termes auxquels les principes s'appliquent.

Toute notion, sauf celle de l'être en général, est une combinaison de plusieurs notions plus élémentaires. Telle l'idée d'homme, qui comprend les idées d'animal, de vertébré, de mammifère et de bimane. Or quel est le rapport de la notion à son contenu, si ce n'est un rapport d'identité? Toute notion est identique à sa définition. L'une est l'expression abrégée, l'autre la formule détaillée du même objet de pensée. Dès lors il y a identité totale ou partielle entre le sujet et le prédicat, puisque le sujet *implique* tous les prédicats qu'il contient, et que le prédicat est l'*explication* totale ou partielle du sujet. Voilà une première propriété de l'opération par laquelle nous constituons une notion. Le principe d'identité est l'expression générale de cette propriété : une chose est ce qu'elle est.

Une autre propriété essentielle de toute notion donnée, longtemps inaperçue des logiciens, est de diviser la totalité des choses réelles et possibles en deux groupes : celles qui possèdent les qualités contenues dans la notion, et celles qui ne les possèdent pas, de même qu'une circonférence partage l'espace entier en deux portions, l'une intérieure, l'autre extérieure à elle. La chose est vraie, sans exception, et des notions générales, et des notions singulières; ainsi homme partage la totalité des choses en deux classes, les *hommes* et les *non-hommes;* de même un nom individuel, *Pierre,* sépare l'individu désigné de tous les autres individus réels et possibles, les *non-Pierre.* — Cette propriété des termes va nous donner la clef du principe du milieu exclu et du principe de contradiction. Soit une certaine notion x. D'après ce que nous venons de voir, elle a pour corrélatif nécessaire la notion *non-x*, et x et *non-x* se partagent tout ce qui est ou peut être. Il en résulte qu'un sujet quelconque a, faisant partie de ce qui est ou peut être, est nécessairement x ou *non-x*, puisque les x et les *non-x* sont tout ce qui est ou peut être. Donc des deux assertions a est x et a est *non-x*, l'une est nécessairement vraie et l'autre nécessairement fausse.

De là aussi il résulte que si l'une des deux assertions *a* est *x* et *a* est *non-x*, est vraie, l'autre est nécessairement fausse. En effet, si *x*, par exemple, est un des prédicats constitutifs de *a*, comme *x* et *non-x* sont, par définition, absolument exclusifs l'un de l'autre, *non-x* est nécessairement exclu de *a*.

Les trois principes formels de la pensée, égaux d'ailleurs en importance et en dignité, sont donc trois aspects également nécessaires de l'acte primitif par lequel la pensée constitue et pose une notion déterminée.

CHAPITRE VII.

DU RAISONNEMENT : LES INFÉRENCES IMMÉDIATES.

Raisonner, c'est **inférer**; inférer, c'est tirer une proposition d'une ou de plusieurs propositions dans lesquelles elle est implicitement contenue. Tantôt l'inférence se fait sans intermédiaire; elle est alors **immédiate** — *in*, privatif et *medium*, moyen —; tantôt elle se fait à l'aide d'intermédiaires; elle est alors **médiate**.

INFÉRENCES IMMÉDIATES

1° De l'opposition des propositions. — Nous avons vu que les propositions se subdivisent, suivant la quantité et la qualité dont elles sont affectées, en universelles affirmatives, A, universelles négatives, E, particulières affirmatives, I, particulières négatives, O. Ces quatre espèces de propositions ont entre elles certains rapports : l'affirmative et la négative universelles sont appelées

contraires. Exemples : tous les métaux sont bons conducteurs de l'électricité ; nul métal n'est bon conducteur de l'électricité ; — l'affirmative et la négative particulières sont **subcontraires** : quelques métaux sont solides ; quelques métaux ne sont pas solides ; — l'affirmative universelle et la négative particulière, la négative universelle et l'affirmative particulière sont **contradictoires** : tous les hommes sont bimanes ; quelque homme n'est pas bimane ; aucun homme n'est quadrupède ; quelque homme est quadrupède ; — enfin l'affirmative universelle et l'affirmative particulière, la négative universelle et la négative particulière sont **subalternes** : tous les lions sont carnivores ; quelques lions sont carnivores ; nul oiseau n'est amphibie ; quelques oiseaux ne sont pas amphibies.

On le voit, les propositions contraires et subcontraires ont même quantité, mais diffèrent en qualité ; les contradictoires n'ont ni même quantité, ni même qualité ; les subalternes ont même qualité, mais diffèrent en quantité.

De ces rapports résultent un certain nombre d'inférences immédiates.

Propositions contraires. — L'universelle affirmative est incompatible avec l'universelle négative, et réciproquement, car l'une et l'autre prennent le même sujet dans toute son extension, et l'une en affirme, l'autre en nie la même qualité ; donc si l'une est vraie, l'autre est fausse.

Propositions subcontraires. — La particulière affirmative et la particulière négative peuvent être vraies et fausses également, car ni l'une ni l'autre ne prennent le sujet dans toute son extension, et la partie du sujet considérée dans l'une peut n'être pas la partie du même sujet considérée dans l'autre : quelques hommes sont sincères ; quelques hommes ne sont pas sincères.

Propositions contradictoires. — De deux propositions contradictoires, l'une est nécessairement vraie, et l'autre est fausse ; exemples : s'il est vrai que tous les hommes sont bimanes, il est nécessairement faux que quelques hommes ne sont pas bimanes ; l'universelle affirmative exclut en effet toute négation particulière du même attribut du même sujet. Réciproquement, s'il est vrai que quelques hommes ne sont pas sincères, il est faux que tous les hommes sont sincères ; car l'exclusion d'un certain attribut d'une partie d'un sujet donné exclut nécessairement l'inclusion de ce même attribut dans la totalité du même sujet. On en dirait autant de l'universelle négative et de la particulière affirmative.

Propositions subalternes. — La vérité de l'universelle entraîne la vérité de la particulière subordonnée ; s'il est vrai que tous les gaz sont pesants, il est vrai aussi que quelque gaz est pesant ; s'il est vrai qu'aucun gaz n'est solide, il est faux que quelque gaz est solide. Mais la vérité ou la fausseté de la particulière n'entraîne pas la vérité ou la fausseté de l'universelle coordonnée, car dans la particulière le prédicat est affirmé ou nié d'une partie seulement du sujet pris dans toute son extension par l'universelle ; s'il est vrai que quelques hommes soient sincères, il ne s'ensuit pas que tous les hommes le soient.

2° De la conversion des propositions. — Les inférences immédiates qui dérivent de l'opposition des propositions, ne sont pas les seules ; il en est d'autres que l'on obtient en convertissant une proposition donnée.

D'une manière générale, *convertir* une proposition, c'est former une proposition nouvelle et également vraie, en transposant le sujet et le prédicat de la première ; exemples : Nul homme n'est quadrupède ; nul quadrupède n'est homme. La seconde proposition est évidemment une conséquence de la première.

Les logiciens ont distingué plusieurs espèces de conversions :

1° *La conversion simple.* — Elle s'opère par la transposition pure et simple du sujet et du prédicat de la proposition à convertir. L'universelle négative, et la particulière affirmative sont les seules espèces de propositions qui s'y prêtent. Nul métal n'est gaz, et nul gaz n'est métal, sont propositions également vraies ; de même les propositions : Quelque métal est solide, et quelque solide est métal. Il n'en est pas ainsi de l'universelle affirmative et de la particulière négative ; si tous les métaux sont des corps simples, il n'est pas vrai que tous les corps simples sont des métaux ; si quelques métaux ne sont pas solides, on ne peut conclure par conversion simple que quelques solides ne sont pas des métaux.

2° *La conversion par limitation.* — Dans la conversion simple, la quantité du sujet ne change pas ; dans la conversion par limitation, le prédicat de la proposition à convertir, en prenant la place du sujet, devient particulier d'universel qu'il était. Exemple : Tous les métaux sont des corps simples ; quelques corps simples sont des métaux.

Ce mode de conversion s'applique uniquement aux propositions affirmatives universelles.

Les définitions qui se formulent en affirmatives universelles font seules exception à cette règle; elles se convertissent simplement, car en elles (voy. *supra*) le prédicat a même extension que le sujet; tous les hommes sont des animaux raisonnables; tous les animaux raisonnables sont des hommes.

3° *La conversion par négation*. — Elle s'applique uniquement aux négatives particulières; elle consiste à transformer d'abord la proposition négative à convertir en une affirmative équivalente, et cela en transportant la négation de la copule au prédicat, puis à convertir simplement la proposition ainsi obtenue :

Quelques métaux ne sont pas des corps solides;
Quelques métaux sont des corps non-solides;
Quelques corps non-solides sont des métaux.

4° *La conversion par contraposition*. — Elle consiste à attacher une négation au sujet et au prédicat d'une proposition affirmative universelle, et à les transposer ensuite :

Tous les métaux sont des corps simples;
Tous les non-métaux sont des corps non-simples;
Tous les corps non-simples sont des non-métaux,
Ou tous les corps non-simples ne sont pas des métaux.

Ainsi E et I se convertissent simplement; A se convertit par limitation du sujet; O se convertit par négation.

Certains logiciens ont encore distingué d'autres inférences immédiates, en particulier celle que l'on obtient en ajoutant au sujet et au prédicat d'une proposition donnée un même adjectif, un même qualificatif, en un mot un même *déterminant*.

Exemples : Une étoile fixe est un soleil ;
Une étoile fixe visible au-dessus de notre horizon est un soleil visible au-dessus de notre horizon.
Tous les métalloïdes sont des corps simples ;
Une combinaison de métalloïdes est une combinaison de corps simples.

Il ne faut pas que le déterminant ait un sens dans le sujet et un autre dans le prédicat.

CHAPITRE VIII.

DES INFÉRENCES MÉDIATES : L'INDUCTION ET LA DÉDUCTION ; LE SYLLOGISME.

L'inférence médiate est celle qui s'opère à l'aide d'un intermédiaire ou *moyen terme*. On me demande par exemple si — ce que je suis censé ignorer, — l'or est bon conducteur de la chaleur. Pour le savoir, je considère un terme qui a certains rapports définis avec les deux termes de la *question*. Soit le terme *métal*. Je sais que tout métal est bon conducteur de la chaleur ; je sais que l'or est un métal ; j'en conclus que l'or est bon conducteur de la chaleur.

L'induction et la déduction. — Les inférences médiates sont *inductives* ou *déductives* :

1° *Inductives*, quand elles partent de l'énumération de cas particuliers, pour conclure à une proposition générale :

La Terre, Mars, Vénus, Saturne, Neptune, etc., sont toutes les planètes ;

Or la Terre, Mars, Vénus, Saturne, Neptune, etc., ne brillent pas de leur propre lumière ;

Donc les planètes ne brillent pas de leur propre lumière.

2° *Déductives*, quand elles tirent d'une proposition générale soit une proposition de même étendue, soit une proposition d'étendue moindre :

> Tous les mammifères ont un cœur droit et un cœur gauche ;
> Les quadrumanes sont mammifères ;
> donc : Les quadrumanes ont un cœur droit et un cœur gauche.

$$2+2=4$$
$$4=3+1$$
donc : $$2+2=3+1.$$

La forme que revêt, dans ces cas, le raisonnement, est la forme **syllogistique**.

Le syllogisme. — Aristote a défini le *syllogisme* de la façon suivante :

Συλλογισμὸς δέ ἐστι λόγος ἐν ᾧ τεθέντων τινῶν ἕτερόν τι τῶν κειμένων ἐξ ἀνάγκης συμβαίνει τῷ ταῦτα εἶναι.

Le syllogisme est une suite de paroles dans laquelle certaines choses étant posées, il en résulte nécessairement quelque autre chose, par cela seul qu'elles sont posées.

Syllogisme signifie *liaison*. C'est la liaison de deux termes au moyen d'un troisième. Virtuellement, tout syllogisme est précédé d'une question. On demande si un prédicat donné convient ou non à un sujet donné. Pour résoudre la question, il faut, — et c'est en cela que consiste *l'invention* dans le syllogisme, — trouver un troisième terme qui ait avec les deux termes de la question des rapports définis ; on le compare successivement avec ces deux termes, et selon les rapports de convenance ou de disconvenance qu'il présente avec eux, on conclut à la convenance ou à la disconvenance des deux termes de la question.

Mécanisme du syllogisme. — Pour comprendre le mécanisme et les effets du syllogisme, rappelons-nous ce que nous savons de la nature de la proposition. Toute proposition énonce l'inclusion d'un prédicat dans un sujet, ou l'exclusion de ce prédicat de ce sujet; en d'autres termes, elle affirme qu'un attribut fait ou non partie de la compréhension d'un sujet, ou, ce qui revient au même, à cause de la corrélation constante de l'extension et de la compréhension de concepts donnés, qu'un sujet entre ou non dans l'extension d'un attribut.

Soient maintenant A et C les deux termes d'une question; on demande si l'attribut C convient au sujet A. Soit B le terme intermédiaire. Je le compare successivement à A et à C; de cette comparaison il résulte par exemple :

1° Que C est inclus dans B, c'est-à-dire que toutes les qualités signifiées par C sont au nombre des qualités signifiées par B;

2° Que B est inclus dans A, c'est-à-dire que toutes les qualités signifiées par B sont au nombre des qualités signifiées par A;

Il en résulte que C est inclus dans A, c'est-à-dire que toutes les qualités signifiées par C sont au nombre des qualités signifiées par A;

donc : B est C,
A est B,
A est C.

Ce que j'énonce sous forme de propositions :

donc : *mortel* est en *homme*;
homme est en *Pierre*;
mortel est en *Pierre*;

ou en langage ordinaire :

LE SYLLOGISME.

L'homme est mortel ;
Pierre est homme ;
donc : Pierre est mortel.

Si, au lieu de considérer la compréhension de ces différents termes, je considère l'extension des classes représentées par ABC et qu'il vienne :

B est dans la classe C,
A est dans la classe B,

j'en conclurai que A est dans la classe C, ce que j'énoncerai de la même manière :

B est C,
A est B,
donc : A est C.

Homme est dans la classe *mortel* ;
Pierre est dans la classe *homme* ;
donc : *Pierre* est dans la classe *mortel*.

L'homme est mortel ;
Pierre est homme ;
donc : Pierre est mortel.

Si de la comparaison de ces trois termes il résultait, par exemple, que C étant inclus dans B, B n'est pas inclus dans A, ou que B étant dans la classe C, A n'est pas dans la classe B, la conclusion serait que C n'est pas inclus dans A ou que A n'est pas dans la classe B, en d'autres termes que A n'est pas C.

Les termes du syllogisme. — Les logiciens classiques ont donné des noms à chacun des termes du syllogisme. Ils ont appelé **grand terme** celui qui a le plus d'extension ; **petit terme** celui qui en a le moins, et **moyen terme** celui dont l'extension est intermédiaire entre celle du grand et du petit. Le grand et le petit termes ont reçu le nom d'**extrêmes**.

Cette terminologie, que nous conserverons, par respect pour une longue tradition, n'a rien d'absolu. Dans certains syllogismes, en effet, les trois termes ont même extension, par exemple, dans le syllogisme suivant :

> 3 + 1 est égal à 4 ;
> 4 est égal à 2 + 2 ;
> donc : 3 + 1 est égal à 2 + 2 ;

et en général dans tous les syllogismes mathématiques. Pour plus de rigueur, il conviendrait d'appeler grand terme l'attribut de la question ; petit terme, le sujet de cette même question, et moyen terme, le terme intermédiaire.

Les propositions du syllogisme. — Les trois termes du syllogisme, en s'unissant deux à deux, forment trois propositions. Celle qui contient le moyen et le grand terme s'appelle **majeure** ; celle qui contient le petit et le moyen s'appelle **mineure** ; et enfin la troisième, qui comprend le petit et le grand terme, est la **conclusion**.

> Majeure : Tout homme est mortel ;
> Mineure : Pierre est homme ;
> Conclusion : Pierre est mortel.

La majeure et la mineure réunies portent le nom de **prémisses**, *præmissæ*, qui précèdent la conclusion. Aristote les appelait διαστήματα, *intervalles*.

Les rapports réciproques de ces trois propositions dérivent des rapports des trois termes. D'une manière générale la majeure est une proposition qui contient implicitement la conclusion, et le rôle de la mineure est de l'en dégager.

Les règles du syllogisme. — Elles sont au nombre de huit ; les scolastiques les avaient formulées en des règles qu'il n'est pas inutile de rappeler.

1° *Terminus esto triplex, medius, majorque minorque.* Que le syllogisme ait trois termes, le moyen, le grand et le petit. — C'est moins une règle que l'énoncé même des éléments du syllogisme. On trouve cependant des inférences médiates où sont accouplés plus de trois termes :

$$10 = 9 + 1$$
$$9 + 1 = 6 + 4$$
$$6 + 4 = 5 + 5$$

donc : $$10 = 5 + 5$$

Nous étudierons plus loin ces formes composées du syllogisme.

2° *Nequaquam medium capiat conclusio fas est.* Que la conclusion ne contienne jamais le moyen terme. — Quand la pensée parvient à la conclusion, le rôle du moyen terme est épuisé ; il a servi à montrer la convenance ou la disconvenance des deux termes de la question, qui seuls doivent reparaître dans la conclusion.

3° *Aut semel aut iterum medius generaliter esto.* Que le moyen terme soit pris au moins une fois dans toute son extension. — Le syllogisme a pour objet de montrer que trois termes donnés sont ou ne sont pas emboîtés les uns dans les autres. Si dans la majeure et dans la mineure je considère seulement une partie du moyen terme, rien ne m'assure que la partie considérée dans la majeure est aussi celle que je considère dans la mineure ; dès lors je ne suis autorisé à conclure ni affirmativement ni négativement.

Les Normands sont des Français ;
Les Gascons sont des Français.

Que suit-il de là ? Rien assurément touchant les rapports des Normands et des Gascons.

4° *Latius hunc (terminum) quam præmissæ conclusio*

non vult. Aucun terme ne doit être plus étendu dans la conclusion que dans les prémisses. — Autrement le terme qui apparaîtrait dans la conclusion avec une extension plus grande que dans les prémisses, ne serait plus celui qui a été comparé au moyen terme, et comme cette comparaison est la garantie de la conclusion, la conclusion serait illégitime.

5° *Utraque si præmissa neget nil inde sequetur.* Si les deux prémisses sont négatives, on ne peut rien conclure. — En effet, de ce que deux termes n'ont aucun rapport de convenance avec un troisième on ne peut conclure ni qu'ils ne se conviennent pas entre eux, ni qu'ils se conviennent. Dans ce cas, il n'y a pas à proprement parler de moyen terme.

Toutefois certains syllogismes, ceux où sont mises en présence des notions de quantité appartenant à une même série, échappent à cette règle.

Les tours de Notre-Dame ne sont pas aussi hautes que les tours de la cathédrale de Strasbourg;

Les tours de la cathédrale de Strasbourg ne sont pas aussi hautes que les Pyramides d'Égypte;

Donc les tours de Notre-Dame ne sont pas aussi hautes que les Pyramides d'Égypte.

6° *Ambæ affirmantes nequeunt generare negantem.* Deux prémisses affirmatives ne peuvent produire une conclusion négative. — Cela va de soi. Si le petit terme est contenu dans le moyen, si le moyen à son tour est contenu dans le grand, comment concevoir que le petit ne soit pas contenu dans le grand?

7° *Pejorem sequitur semper conclusio partem.* La conclusion suit toujours la partie la plus faible; par partie la plus faible entendez la prémisse particulière ou négative.

— Premier cas : si l'une des prémisses est négative, la conclusion sera négative. En effet, si A est B, mais si B n'est pas C, je ne puis en conclure que A est C. — Deuxième cas : si l'une des prémisses est particulière, la conclusion ne peut être générale. Si quelques A sont B, et si tous les B sont C, je ne puis en conclure que tous les A sont C, car B, le moyen terme, convient seulement à une partie de A. Si tous les A sont B, et si quelques B seulement sont C, pour pouvoir tirer une conclusion de ces prémisses, il faut, en vertu de la règle 3, que tous les A sont B, s'entende de la façon suivante : Tous les A sont tous les B ; mais comme quelques B seulement sont C, C ne peut être affirmé de tous les A, mais seulement de quelques-uns.

8° *Nil sequitur geminis e particularibus unquam*. Il ne suit rien de deux prémisses particulières. — Soit d'abord deux particulières affirmatives :

> Quelques A sont B,
> Quelques B sont C ;

on ne peut rien conclure, car on ignore si les quelques B de la seconde prémisse sont précisément les B de la première. — Soit deux particulières négatives ; nous retombons dans le cas de la cinquième règle. — Si l'une des prémisses est particulière négative, et l'autre particulière affirmative, on n'obtient pas davantage de conclusion. En effet, si quelques B sont A, si quelques B ne sont pas C, on ignore si les B de la première prémisse sont les B de la seconde ; d'ailleurs, dans ce cas particulier, le syllogisme est impossible en vertu de la règle 3.

CHAPITRE IX

DU SYLLOGISME : LES MODES ET LES FIGURES.

Tout syllogisme a un **mode** et appartient à une **figure**.
Le *mode* du syllogisme résulte de la quantité et de la qualité des propositions qui le composent ; ces propositions sont au nombre de trois, elles peuvent être universelles affirmatives A, universelles négatives E, particulières affirmatives I, particulières négatives O. De là 64 combinaisons possibles de ces quatre facteurs pris trois à trois.

A A A
A A E
A A I
A A O
A E A
A E E
A E I
A E O
A I A
A I E
A I I
A I O
etc.

Ces 64 modes ne sont pas tous concluants ; la plupart sont exclus par les règles précédemment exposées. Ainsi le mode AEA est illégitime, en vertu de la septième règle ; si une des prémisses est négative, la conclusion est négative. Le mode AEI pèche contre la règle sixième : « Ambæ affirmantes nequeunt generare negantem » et contre la septième : « Pejorem sequitur semper conclusio partem. » De même encore les modes AIA et EIE sont illégitimes ; une conclusion universelle ne peut suivre de deux prémisses dont l'une est particulière (septième règle).

LES MODES ET LES FIGURES DU SYLLOGISME.

Si des 64 modes possibles on élimine tous les modes non concluants, il reste seulement dix modes concluants, à savoir :

```
A A A
A A I
A E E
A I I
A O O
E A E
E A O
E I O
I A I
O A O
```

Mais ces dix modes n'épuisent pas toutes les variétés du syllogisme ; ils résultent seulement du caractère affirmatif ou négatif, universel ou particulier des propositions ; il est d'autres variétés du syllogisme, à savoir les *figures*.

Les *figures* du syllogisme résultent de la place qu'occupe le moyen terme dans les prémisses, soit comme sujet, soit comme prédicat. Elles sont au nombre de quatre.

Dans la *première figure*, le moyen terme est sujet de la majeure et prédicat de la mineure.

Tout *homme* est mortel ;
Pierre est *homme :*
donc : Pierre est mortel.

Dans la *deuxième figure*, le moyen terme est prédicat dans les deux prémisses :

Toutes les étoiles *brillent par elles-mêmes*
Aucune planète ne *brille par elle-même ;*
donc : Aucune planète n'est étoile.

Dans la *troisième figure*, le moyen est sujet dans les deux prémisses :

Le *mercure* est un métal;
Le *mercure* n'est pas solide;
donc : Quelque métal n'est pas solide.

Dans la *quatrième figure*, le moyen est prédicat dans la majeure et sujet dans la mineure.

Tous les maux de la vie sont des maux passagers;
Tous les maux passagers ne sont pas à craindre;
Donc nul des maux qui sont à craindre n'est un mal de cette vie.

Nous avons vu plus haut que sur les 64 modes possibles du syllogisme, 10 seulement étaient concluants. Il en résulterait, ce semble, qu'en combinant modes et figures, il dût y avoir 40 à 44 variétés légitimes du syllogisme. Il n'en est rien pourtant. Les 10 modes syllogistiques ne sont pas également concluants dans chaque figure.

Chaque figure, en effet, a ses règles particulières qui dérivent des règles générales du syllogisme :

Dans la *première figure*, la majeure doit être universelle et la mineure affirmative; par suite, la première figure admet les modes

AAA
EAE
AII
EIO

et exclut les autres.

Dans la *seconde figure*, la majeure doit être universelle, et l'une des deux prémisses négative; par suite, quatre modes concluants :

EAE
AEE
EIO
AOO

et six modes exclus.

Dans la *troisième figure*, la mineure doit être affirmative et la conclusion particulière. D'où six modes concluants

        A A I
        I A I
        A I I
        E A O
        O A O
        E I O

et quatre modes exclus.

Enfin, dans la *quatrième figure*, quand la majeure est affirmative, la mineure est universelle; quand la mineure est affirmative, la conclusion est particulière; dans les modes négatifs, la majeure est universelle. D'où cinq modes concluants :

        A A I
        A E E
        I A I
        E A O
        E I O

Les scolastiques exprimaient par des mots artificiels, réunis en vers, les 19 modes concluants des syllogismes des quatre figures :

BArbArA, CElArEnt, DArII, FErIOque prioris;
CEsArE, CAmEstrEs, FEstInO, BArOkO, secundæ;
Tertia, DArAptI, DIsAmIs DAtIsI, FElAptOn,
BOkArdO, FErIsOn habet ; quarta insuper addit
BrAmAntIp, CAmEnEs, DImArIs, FEsApO, FrEsIsOn.

Les figures du syllogisme sont-elles des formes originales et irréductibles l'une à l'autre ? — Certains logiciens le pensent, et ils vont même jusqu'à assigner à chacune d'elles une fonction particulière. Ainsi la première figure servirait à prouver les propriétés d'une chose ; la seconde à faire voir la distinction de plusieurs choses ; la troisième à démontrer les exceptions, et la quatrième à découvrir les différentes espèces d'un genre. Mais alors même qu'elles auraient des fonctions différentes, les trois dernières figures du syllogisme n'en sont pas moins réductibles à la première qu'Aristote appelait la *figure parfaite*.

Réduction des syllogismes. — Les syllogismes des seconde, troisième et quatrième figures se ramènent à des syllogismes de la première figure, au moyen de la conversion et de la transposition des prémisses.

Les mots artificiels qui servent à désigner les modes concluants, contiennent aussi des indications pour la réduction des syllogismes. Les consonnes initiales de ces mots, B, C, D, F, indiquent les modes de la première figure, auxquels se ramènent par *réduction* les modes des autres figures. Ainsi *Cesare, Camestres, Camenes* sont réductibles à *Celarent; Darapti,* à *Darii; Fresison,* à *Ferio;* — la consonne *s* indique que la proposition marquée par la voyelle précédente doit être convertie simplement; la consonne *p*, qu'elle doit l'être par accident ou par limitation; la consonne *m*, première lettre du mot latin *mutare*, changer, indique que les deux prémisses du syllogisme à réduire doivent être transposées; la consonne K indique que le mode doit être réduit par un procédé spécial, appelé *réduction indirecte*.

Soit, par exemple, un syllogisme en *Camestres;* — la lettre *m* nous indique qu'il faut transposer les prémisses; le premier *s*, qu'il faut convertir simplement la mineure; le second *s*, qu'il faut convertir simplement la conclusion. Ainsi, le syllogisme suivant :

Toutes les étoiles sont lumineuses par elles-mêmes;
Toutes les planètes ne sont pas lumineuses par elles-mêmes;
donc : Aucune planète n'est étoile,

devient :

> Aucun corps lumineux par lui-même n'est une planète ;
> Toutes les étoiles sont lumineuses par elles-mêmes ;
> donc : Aucune étoile n'est une planète ;

syllogisme en *Celarent*.

Il est aisé, avec les indications qui précèdent, d'appliquer les mêmes procédés de réduction aux autres modes.

Réduction indirecte. — Les modes *Baroko* et *Bokardo* ne peuvent être réduits directement à la première figure ; mais ils peuvent y être ramenés indirectement.

Admettons que X, Y, Z représentent le grand, le moyen et le petit terme ; un syllogisme en *Baroko* sera exprimé de la façon suivante :

> Tous les X sont Y ;
> Quelques Z ne sont pas Y ;
> donc : Quelques Z ne sont pas X.

Si maintenant nous convertissons la majeure par *contraposition*, il viendra : Tous les non-Y ne sont pas X. Si nous faisons de cette proposition la majeure du syllogisme, nous obtenons :

> Tous les non-Y ne sont pas X
> Quelques Z sont non-Y ;
> donc : Quelques Z ne sont pas X ;

ce qui est un syllogisme en *Ferio*.

On traiterait le mode *Bokardo* de la façon suivante :

> Soit : Quelques Y ne sont pas X,
> Tous les Y sont Z,
> donc : Quelques Z ne sont pas X.

Convertissons la majeure par négation; transposons les prémisses, et nous avons :

> Tous les Y sont Z,
> Quelques non-X sont Y,
> donc : Quelques non-X sont Z.

Syllogisme en *Darii*.

CHAPITRE X

SYLLOGISMES INCOMPLETS ET COMPOSÉS; SYLLOGISMES HYPOTHÉTIQUES.

Les syllogismes pleinement et rigoureusement énoncés se rencontrent rarement, si ce n'est dans les livres de logique. Pourtant, en écrivant, en parlant, nous raisonnons toujours, sinon correctement, du moins d'une façon continue; les particules *or, donc, mais, en effet, car, puisque, parce que, par conséquent, d'où, de là, par suite*, etc., marquent dans notre langage écrit ou parlé la suite logique de nos pensées; les formes rigides de la logique se dissimulent le plus souvent sous les formes simples et variées du style; mais on peut toujours les en dégager, et c'est un bon exercice que de mettre en syllogismes une page ou un chapitre d'un écrivain de valeur.

Souvent la conclusion se présente d'elle-même, à peine l'une des deux prémisses a-t-elle été énoncée; l'autre est si claire qu'on la devine sans l'exprimer. Le syllogisme prend alors le nom d'**enthymème**, — ἐν θυμῷ μένειν; une des prémisses reste dans l'esprit. Si je dis : « L'oxygène doit être pesant, parce qu'il est une substance matérielle, » c'est un syllogisme incomplet, où l'ordre des propositions est interverti :

> Toute substance matérielle est pesante;
> L'oxygène est une substance matérielle;
> donc : L'oxygène est pesant.

La majeure m'est si connue qu'il est inutile de l'exprimer; j'omets même de la penser, et j'exprime mon syllogisme sous la forme rapide : « L'oxygène doit être pesant parce qu'il est une substance matérielle. »

L'*enthymème* est très fréquent dans le langage ordinaire.

Les syllogismes peuvent s'unir ensemble de diverses manières. Soit le système suivant de propositions :

> Tous les B sont A;
> Tous les C sont B.
> donc tous les C sont A ;
> mais tous les D sont C;
> donc tous les D sont A.

Il y a là deux syllogismes; le premier, dont la conclusion sert de majeure au second, est un **prosyllogisme**; — le second, qui a pour majeure la conclusion de l'autre, est un **épisyllogisme**. L'ensemble des deux s'appelle **polysyllogisme**.

On appelle **épichérème** un syllogisme dans lequel une des deux prémisses, parfois les deux, sont prouvées par un *prosyllogisme* incomplètement exprimé.

> Tous les B sont A parce qu'ils sont E;
> Tous les C sont B parce qu'ils sont H.
> donc : Tous les C sont A.

Le **sorite** est un polysyllogisme dans lequel le prédicat

de la première proposition devient le sujet de la seconde; le prédicat de la seconde le sujet de la troisième, etc., jusqu'à la conclusion qui rapproche et unit le sujet de la première proposition et le prédicat de la dernière :

$$\begin{array}{l} A \text{ est } B \\ B \text{ est } C \\ C \text{ est } D \\ D \text{ est } E \end{array}$$

donc: A est E.

On connaît ce raisonnement qu'un moraliste prête au renard qui, avant de se risquer sur une rivière gelée, prête l'oreille et dit .

Ce qui fait du bruit se remue ;
Ce qui se remue n'est pas gelé ;
Ce qui n'est pas gelé est liquide ;
Ce qui est liquide plie sous le faix ;
Donc cette glace...

C'est un *Sorite*, du grec σωρός, tas.

Syllogismes hypothétiques. — Les syllogismes examinés jusqu'ici sont faits de propositions *catégoriques*. Les propositions *conditionnelles* peuvent entrer aussi dans la composition d'inférences déductives.

Le syllogisme *hypothétique* est fait, comme le syllogisme ordinaire, de deux prémisses, une majeure et une mineure ; la majeure est une proposition hypothétique ; la mineure est une proposition catégorique, et selon qu'elle est affirmative ou négative, l'hypothèse énoncée dans la majeure est résolue affirmativement ou négativement.

EXEMPLES :   Si A est B, C est D ;
Or A est B ;
Donc C est D.

C'est ce qu'on appelle le *modus ponens*, le mode qui se et affirme.

> Si A est B, C est D,
> Or A n'est pas B,
> Donc C n'est pas D.

C'est ce qu'on appelle le *modus tollens*, le mode qui élimine le *conséquent*.

Syllogismes disjonctifs. — Le syllogisme disjonctif se compose aussi de deux prémisses; la majeure est une proposition disjonctive, la mineure une proposition catégorique, affirmative ou négative.

Exemples :
> A est B ou C,
> Or A est B,
> Donc A n'est pas C.

> A est B ou C,
> Or A n'est pas B,
> Donc A est C.

C'est ce qu'on appelle le *modus ponendo tollens*, c'est-à-dire le mode qui élimine une des deux hypothèses proposées, en affirmant l'autre.

Le **dilemme** rentre dans cette catégorie d'arguments : il consiste à poser une alternative et à faire voir que dans un cas comme dans l'autre, une certaine conclusion s'impose. La majeure est une proposition hypothétique, avec au moins deux antécédents; la mineure, une proposition disjonctive.

> Si A est B, C est $\bar{D}$; si E est F, G est D;
> Mais ou A est B ou E est F;
> Donc G est D.

La conclusion du dilemme peut être une proposition

disjonctive, affirmative ou négative :

> Si A est B, C est D ; si E est F, G est H;
> Mais ou A est B, ou E est F ;
> Donc ou C est D, ou G est H.

> Si A est B, C est D ; si E est F, G est H;
> Mais ou A n'est pas B, ou E n'est pas F ;
> Donc ou C n'est pas D, ou G n'est pas H.

CHAPITRE XI

L'INDUCTION FORMELLE.

A la *déduction* s'oppose l'*induction*. La première conclut du tout aux parties ; la seconde, des parties au tout. — Dans le vocabulaire de la logique, le mot *induction* a deux sens fort différents, qu'il importe au plus haut point de ne pas confondre. Le plus souvent, par induction on entend le procédé de raisonnement par lequel nous concluons de quelques cas que nous avons observés à l'espèce qui les comprend, et à la loi générale qui les régit. J'ai observé que les chats, les lions, les léopards, les tigres, les panthères ont des ongles rétractiles ; j'en conclus que *tous* les individus de la même famille ont les ongles rétractiles, bien que je n'aie pas observé et que je ne puisse pas observer tous ces individus. J'ai constaté un certain nombre de fois que le contact de l'oxyde de carbone paralyse les globules sanguins ; j'en conclus que *toujours*, les mêmes conditions étant données, l'oxyde de carbone paralysera les globules sanguins. Dans l'un ou l'autre cas, je conclus du passé au présent et à l'avenir, des cas observés aux cas inobservés et même inobservables ; dans l'un et l'autre cas, *j'induis*. Cette induction est l'âme des sciences expérimentales ; sans elle la science ne serait que le répertoire d'observations sans portée.

Telle n'est pas l'induction dont nous avons à nous occuper dans la logique formelle. L'*induction scientifique* n'aboutit pas à des conclusions tirées nécessairement de prémisses données, en vertu des lois de la pensée ; logiquement, elle ne peut engendrer que des probabilités, très fortes si l'on veut, mais toujours éloignées de cette certitude dont est investie une conclusion extraite de prémisses données.

L'*induction formelle*, soumise uniquement aux lois de la pensée, a pour point de départ non pas quelques cas particuliers, pris pour type de l'espèce entière, mais tous les cas d'une espèce ou d'un genre. Si je dis :

Les corps A B C D attirent le fer,
Or les corps A B C D sont tous les aimants,
Donc les aimants attirent le fer.

Voilà une induction formelle. Je prends pour accordées la première et la seconde propositions, sans me préoccuper de savoir si réellement, matériellement elles sont vraies. De cela seul qu'elles sont posées, la conclusion en dérive par une conséquence nécessaire. Les lois de la pensée qui président aux combinaisons formelles des notions ou des concepts sont seules engagées dans ce raisonnement. Il en est de même dans les exemples suivants :

Lundi, mardi, mercredi, jeudi, vendredi, samedi, dimanche son composés de 24 heures ;
Or, lundi, mardi, mercredi, jeudi, vendredi, samedi, dimanche son tous les jours de la semaine ;
Donc tous les jours de la semaine sont composés de 24 heures.

Le fer, le cuivre, l'or, l'argent, le platine, l'aluminium, le mercure, etc., sont bons conducteurs de la chaleur ;
Or, le fer, le cuivre, l'or, l'argent, le platine, l'aluminium, le mercure, etc., sont tous les métaux ;
Donc tous les métaux sont bons conducteurs de la chaleur.

Il y a, dans chacun de ces raisonnements, comme dans le syllogisme déductif, trois termes et trois propositions. Ce n'est pas une question sans intérêt que de rechercher les rapports du syllogisme déductif et du syllogisme inductif.

Aristote a dit que l'induction consiste à prouver le grand terme du moyen par l'intermédiaire du petit, tandis que la déduction prouve le grand terme du petit par l'intermédiaire du moyen. Soit, pour prendre l'exemple cité par Aristote dans les *Analytiques*, les trois termes *vivant longtemps, animaux sans fiel*, et *l'homme, le cheval et le mulet*. On sait comment il faut les combiner pour en former un syllogisme déductif.

Les animaux sans fiel (moyen) vivent longtemps (grand terme);
Or, l'homme, le cheval et le mulet (petit terme) sont les animaux sans fiel;
Donc l'homme, le cheval et le mulet vivent longtemps.

On applique la majeure aux cas spécifiques énoncés par la mineure.

Mais supposons que ce qui est en question ce soit la majeure du syllogisme précédent, et qu'on demande si les *animaux sans fiel* vivent longtemps, et que pour répondre on dispose seulement des mêmes notions que précédemment; à coup sûr les termes devront être combinés d'autre manière; le moyen terme du syllogisme précédent prendra la place du petit, et réciproquement, et il viendra :

L'homme, le cheval et le mulet vivent longtemps;
Or, l'homme, le cheval et le mulet sont les animaux sans fiel;
Donc les animaux sans fiel vivent longtemps.

Le syllogisme inductif et le syllogisme déductif seraient donc deux procédés inverses, qui s'opposeraient symétriquement l'un à l'autre, sous la garantie des mêmes lois générales de la pensée.

Dans les temps modernes, Hamilton a repris et développé cette doctrine. Pour lui, tandis que la déduction est le raisonnement qui conclut du tout aux parties, c'est-à-dire du genre aux espèces, de l'espèce aux individus, l'induction conclut des parties au tout, c'est-à-dire des individus à l'espèce, des espèces au genre; l'une et l'autre sont régies par les mêmes lois. En effet, la loi la plus générale de la pensée, en tant que pensée, celle qui régit toute démarche logique de l'esprit, est le principe d'identité. Or on peut donner de ce principe deux formules inverses également vraies : 1° Ce qui appartient au tout appartient aux parties constitutives de ce tout ; 2° Ce qui appartient à toutes les parties d'un tout appartient au tout constitué par elles. En d'autres termes, il y a identité entre le tout et les parties, entre les parties et le tout. Par suite l'esprit, sans cesser d'obéir au seul principe d'identité, peut raisonner et raisonne en effet en deux sens différents; tantôt il va du tout aux parties; tantôt des parties au tout; double démarche qui constitue deux espèces de raisonnements, distinctes, il est vrai, quant au point de départ et à la conclusion, mais identiques au fond, par la loi logique qui les régit également.

Sans méconnaître ce qu'il y a de vrai dans cette théorie, il importe cependant de ne pas s'abuser sur les différences qui séparent le syllogisme inductif du syllogisme déductif. L'un et l'autre se font sous la garantie du principe de l'identité de la pensée avec elle-même; l'un et l'autre aboutissent à des conclusions qui résultent nécessairement des prémisses données; l'un et l'autre sont composés de trois termes et de trois propositions; mais le moyen terme de l'un est loin de ressembler au moyen terme de l'autre.

L'induction formelle, pour être légitime, doit partir de l'énumération complète de toutes les parties du tout auquel s'étendra la conclusion. Dès lors, le moyen terme n'est plus une notion générale, mais une collection de notions singulières :

>Cet *a*, ce *b*, ce *c*, ce *d* attirent le fer ;
>Or cet *a*, ce *b*, ce *c*, ce *d* sont tous les aimants ;
>Donc tous les aimants attirent le fer.

Par suite, dans la seconde proposition, celle qui comprend le sujet de la conclusion, et que, par analogie avec le syllogisme déductif, on peut appeler la mineure, le sujet et le prédicat ont même extension ; *a b c d* sont *tous les aimants;* le sujet, c'est l'énumération des parties constitutives du prédicat ; le prédicat, c'est le nom commun à tous les éléments du sujet.

De là une conséquence importante : c'est que dans le syllogisme inductif, de la première à la seconde, de la seconde à la troisième proposition, il n'y a pas le même progrès de pensée que de la majeure à la mineure, de la mineure à la conclusion du syllogisme déductif. J'affirme d'abord qu'une certaine collection de choses singulières possèdent en commun telle qualité ; j'affirme ensuite que l'ensemble de ces choses singulières constitue l'extension totale d'une certaine classe ; j'en conclus que cette classe possède la qualité affirmée de toutes ses parties prises collectivement. A vrai dire, il y a là moins une inférence que la substitution d'un terme général équivalent à une collection de termes particuliers. — On s'explique dès lors aisément que l'induction formelle, qui est de peu d'usage, ait été négligée par la plupart des logiciens.

CHAPITRE XII

LES PRINCIPES DIRECTEURS DU SYLLOGISME [1].

Tous les syllogismes, par cela seul qu'ils sont des actes et des produits de la pensée, sont soumis aux lois formelles de la pensée, principe d'identité, principe de contradiction et principe du milieu exclu ; mais en même temps les assemblages de termes ou de notions qu'ils forment sont régis par des principes régulateurs spéciaux. Longtemps les logiciens ont considéré comme unique principe du syllogisme le **dictum de omni et nullo**, que l'on peut traduire ainsi : *Ce qui est affirmé ou nié d'un tout est affirmé ou nié de chaque partie de ce tout*, cadre où paraissaient devoir tenir tous les syllogismes affirmatifs et négatifs, dans lesquels l'esprit passe du genre aux espèces, et de l'espèce aux individus.

Dans ces derniers temps, on a contesté que le *dictum de omni et nullo* fût l'unique et même le vrai principe des assemblages syllogistiques. Deux opinions extrêmes ont été émises à ce sujet ; pour les uns, il y aurait plusieurs types de syllogismes, irréductibles les uns aux autres, et chacun d'eux obéirait à un canon spécial ; pour les autres, il n'y aurait qu'un type de syllogisme, mais plus général et plus compréhensif que le syllogisme décrit par Aristote dans les *Analytiques*, et régi par une autre règle que le *dictum de omni et nullo*. Bien que ces théories dépassent la portée d'un traité élémentaire, nous croyons devoir les exposer ici sommairement.

[1]. Malgré le caractère élémentaire de ce traité, nous croyons devoir exposer ici en quelques mots quelques-unes des principales thèses de la logique anglaise contemporaine.

Types multiples de syllogisme. — Le logicien anglais de Morgan est le premier qui ait multiplié les types du syllogisme. D'après lui, et d'après ceux des logiciens qui ont adopté sa façon de voir, les *copules* qui, dans les propositions, assemblent les sujets et les prédicats, seraient loin de se ressembler. Il en résulterait que les propositions, et par suite les syllogismes, ne présenteraient pas l'identité fondamentale que leur prêtent la plupart des traités de logique.

Voici, par exemple, plusieurs types irréductibles de copules :

1º Celles qui n'entraînent pas la corrélation des termes qu'elles unissent, et auxquelles ne correspondent pas des copules corrélatives. Telle est la copule *est*, lorsqu'elle marque l'inclusion du sujet dans le prédicat, ou l'inhérence de la qualité désignée par le prédicat dans le sujet. Exemple : l'homme *est* mortel, c'est-à-dire homme est contenu dans la classe mortel, ou l'attribut mortel est inhérent à l'homme. Ces propositions ne peuvent être converties simplement.

2º Les copules qui marquent la corrélation des termes qu'elles unissent. Elles sont assez nombreuses.

C'est d'abord la copule *est*, lorsqu'elle signifie l'identité. Exemples : Jean est le fils unique de Paul ; — le triangle rectiligne est toute portion de la surface plane, terminée par trois lignes droites.

C'est la copule *égale* : $A = B$; $5 = 3 + 2$.

C'est encore certaines copules telles que *est cousin de, est voisin de,* etc. Pierre est le cousin de Paul ; André est le voisin de Jean.

Les termes unis par ces copules peuvent être substitués l'un à l'autre dans une proposition donnée, sans que la vérité de cette proposition soit altérée. Ainsi aux propositions ci-dessus, je puis substituer les propositions équivalentes : Le fils unique de Paul est Jean ; Toute portion de la surface plane terminée par trois lignes droites est un triangle rectiligne ; Paul est le cousin de Pierre ; Jean est le voisin d'André.

3° Les copules qui unissent des termes non corrélatifs, mais auxquelles correspondent dans la pensée et dans le langage des copules corrélatives. Exemples :

est plus grand que,	qui a pour corrélatif	est plus petit que ;
est supérieur à,	—	est inférieur à ;
est antérieur à,	—	est postérieur à ;
est père de,	—	est fils de ;
est oncle de,	—	est neveu de ;
donne à,	—	reçoit de ;
est cause de,	—	est effet de ;
est principe de,	—	est conséquence de.

Chacune de ces copules peut entrer dans des combinaisons syllogistiques différentes. Ainsi je puis dire :

>   A est plus grand que B,
>   B est plus petit que C,
> donc :   A est plus grand que C.

Il y aurait par suite autant de types de syllogismes, obéissant chacun à un ou plusieurs principes régulateurs, sous la garantie suprême des lois formelles de la pensée, qu'il y a de types irréductibles de copules.

Nous ne pouvons entrer ici dans la discussion de ces théories ; faisons seulement remarquer que la logique formelle s'occupe des lois de la pensée, en tant que pensée, et non des différences que les matières distinctes auxquelles elle s'applique, peuvent introduire dans les combinaisons des idées. Or, il est incontestable que plusieurs des différences plus haut signalées comme irréductibles viennent de la *matière* de la pensée, et que dès lors elles n'ont rien à voir avec la forme de cette pensée. Cette réserve faite, il faut cependant reconnaître que la copule *est* et la copule *égale* n'offrent pas exactement le même sens et ne jouent pas exactement le même rôle. C'est ce qu'ont admis, mais pour aboutir à des conclusions différentes, ceux des logiciens qui veulent ramener tous les syllogismes à un type unique, plus général et plus compréhensif que le syllogisme d'Aristote.

Quantification du prédicat. — Les travaux que nous allons brièvement exposer ont pour point de départ la théorie de la *quantification du prédicat*, esquissée en 1833 par George Bentham, et développée plus tard par Hamilton.

D'après l'ancienne logique, le sujet de toute proposition a une quantité; il est universel ou particulier, il est quantifié; le prédicat ne l'est pas. Je dis, par exemple : Tous les hommes sont mortels, Les triangles sont les figures à trois côtés, sans attribuer une quantité déterminée aux prédicats *mortels* et *figures à trois côtés*. D'après Hamilton, ce serait là une lacune du langage. En fait, dans la pensée, une quantité serait attribuée au prédicat; dire : Tous les hommes sont mortels, c'est penser : Tous les hommes sont quelques mortels, puisqu'il y a d'autres mortels que les hommes; — dire, Les triangles sont les figures à trois côtés, c'est dire : Tous les triangles sont toutes les figures à trois côtés, puisqu'il n'y a pas d'autres figures à trois côtés que les triangles.

Or la logique doit exprimer explicitement ce qui est implicitement contenu dans la pensée. Voyons donc ce qui est au fond de l'acte par lequel nous unissons un prédicat à un sujet. Une notion est l'idée de l'attribut commun, ou de l'ensemble des attributs communs, par lequel plusieurs individus distincts se ressemblent. Elle implique par conséquent la perception et la comparaison d'une pluralité d'objets, et la reconnaissance en eux d'éléments semblables; elle est donc un tout idéal que l'esprit forme pour classer les objets qu'il perçoit. — Qu'est-ce maintenant qu'attribuer un prédicat à un sujet? C'est penser ce sujet, objet individuel ou notion *sous ou dans* une notion donnée. Dire, par exemple, l'homme est animal, c'est placer la notion homme *sous* ou *dans* la notion animal.

Mais pour placer ainsi une notion dans une autre notion, c'est-à-dire pour affirmer qu'elle appartient à telle ou telle classe, il faut savoir qu'elle y occupe une certaine place; sans cela, comment l'y faire entrer? Si, par exemple, nous ignorons que le concept *homme* occupe une certaine place dans le concept *animal*, nous ne sommes pas en droit de dire que l'*homme* fait partie de la classe *animal*. Il y a plus : non seulement pour penser un concept *sous* un autre, il faut savoir que l'un est partie de l'autre; mais il faut savoir encore quelle portion il en occupe. Toute notion est, en effet, une unité factice dans la pensée; l'étendue en est égale à la somme des objets dont elle exprime les éléments communs; d'autre part, penser un objet, c'est le faire entrer dans une notion; il en résulte qu'en le pensant, nous délimitons exactement la partie qu'il occupe dans la classe à laquelle il est rapporté. Le prédicat est donc toujours et nécessairement pensé avec une quantité déterminée, égale à la quantité du sujet.

Il y aurait par suite, non pas seulement quatre, mais huit espèces de propositions :

1° Les affirmatives *toto-totales*, dans lesquelles sujet et prédicat sont pris dans toute leur extension. Exemple : Tout triangle est tout trilatéral.

2° Les affirmatives *toto-partielles*, dans lesquelles le sujet est pris universellement, et le prédicat particulièrement. Exemple : Tout triangle est quelque figure.

3° Les affirmatives *parti-totales*, dans lesquelles le sujet est particulier et le prédicat universel. Exemple : Quelque figure est tout triangle.

4° Les affirmatives *parti-partielles*, dans lesquelles sujet et prédicat sont tous les deux particuliers. Exemple : Quelques figures équilatérales sont quelques triangles.

5° Les négatives *toto-totales*, dans lesquelles le sujet, en toute son extension, est exclu de toute l'extension du prédicat. Exemple : Aucun triangle n'est aucun carré.

6° Les négatives *toto-partielles*, où le sujet entier est exclu d'une partie seulement de l'extension du prédicat. Exemple : Aucun triangle n'est quelque figure équilatérale.

7° Les négatives *parti-totales*, où une partie seulement du sujet est exclue de toute l'extension de l'attribut. Exemple : Quelque figure équilatérale n'est aucun triangle.

8° Enfin les négatives *parti-partielles*, dans lesquelles une partie de l'extension du sujet est exclue d'une partie seulement de l'extension du prédicat. Exemple : Quelque triangle n'est pas quelque figure équilatérale.

Par suite, toutes les propositions pourraient se convertir simplement, puisque dans les théories de l'ancienne logique, l'obstacle à la conversion simple était, dans les cas où elle n'était pas possible, l'inégale extension du sujet et du prédicat.

Enfin, toutes les propositions se réduiraient au fond à des équations entre le sujet et le prédicat, puisque l'un et l'autre sont égaux en extension. Le type du syllogisme serait le suivant :

$$A = B$$
$$B = C$$
donc : $$A = C.$$

Raisonner, ce ne serait donc pas faire rentrer une notion dans une autre, mais *substituer*, dans des propositions données, des notions équivalentes à des notions équivalentes. Tous les syllogismes reposeraient sur le principe de la *substitution des semblables* (Stanley Jevons), en vertu duquel, dans toute proposition, une notion équivalente peut être substituée à une notion équivalente. Ainsi toute différence fondamentale s'effacerait entre les syllogismes mathématiques qui assemblent des notions égales ou équivalentes et les syllogismes proprement dits, qui assemblent des notions qualificatives, homme, animal, etc.

De là à appliquer à la logique pure le calcul algébrique, il n'y avait qu'un pas. De nombreux systèmes ont été proposés à cet effet. Le plus célèbre est celui du mathématicien anglais Boole, qui représente les notions par des symboles algébriques, et les traite par des procédés familiers aux sciences mathématiques. Mais tous ces systèmes, sur la valeur desquels nous n'avons pas à nous prononcer ici, sont d'un maniement difficile, et dépassent la portée d'un cours élémentaire.

LIVRE II

LES MÉTHODES

CHAPITRE PREMIER.

DIVISION DES SCIENCES : MÉTHODE DES SCIENCES MATHÉMATIQUES.

Nous avons étudié, dans les précédents chapitres, les formes de la pensée en ce qu'elles ont de commun, et sans aucun souci de la réalité extérieure à l'esprit ; il nous faut étudier maintenant les formes propres à chaque ordre de sciences. Au fond, ces formes particulières ne sont que des cas particuliers des autres ; en s'appliquant à des objets distincts de lui, en passant de l'un de ces objets à l'autre, l'esprit ne change pas de nature et de lois, et soit qu'il assemble des notions purement imaginaires, soit qu'il considère les nombres et les figures géométriques, explique les phénomènes matériels, ou cherche à comprendre la liaison et l'ordre des événements historiques, ses raisonnements sont toujours déductifs ou inductifs ; toujours il part de vérités générales ou particulières, pour en inférer des vérités nouvelles. Mais en s'appliquant à des objets divers, la déduction et l'induction, sans cesser d'obéir aux lois immuables de la pensée, adaptent leur procédure à la nature variable des réalités considérées. Aussi les sciences, bien que tributaires d'une seule et même logique, ont-elles des méthodes particulières.

Division des sciences. — Puisque ces méthodes dérivent, en ce qu'elles ont de spécial, non pas de la nature de l'esprit humain, mais de la nature des objets des sciences différentes, avant de les décrire, il faut, au préalable, avoir distingué ces différents objets.

En négligeant ces différences secondaires, les objets de la science peuvent se répartir en trois groupes principaux : 1° les objets mathématiques, nombres et figures; 2° les objets physiques, phénomènes de la nature inerte et de la nature vivante; — 3° les objets moraux, l'homme et les événements humains. De là trois ordres principaux de sciences : 1° les sciences mathématiques; 2° les sciences physiques; 3° les sciences morales.

But de la science en général. — Toutes les sciences ont un but commun, auquel elles tendent par des voies différentes : l'explication des choses. Expliquer les choses, c'est en déterminer les lois. Les lois sont les rapports généraux et permanents qui dérivent de la nature des choses. Ainsi c'est une loi qu'un nombre multiplié et divisé tout à la fois par un même nombre, ne change pas de valeur; c'est, en effet, un rapport qui dérive de la nature même du nombre. — C'est une loi que deux triangles qui ont un angle égal compris entre deux côtés égaux chacun à chacun, sont égaux ; car c'est encore là un rapport qui dérive de la nature même des figures considérées. — C'est une loi que dans le phénomène de la réflexion des rayons lumineux, l'angle de réflexion est égal à l'angle d'incidence ; car c'est toujours là un rapport qui dérive de la nature des rayons lumineux et de celle de la surface réfléchissante. De même encore c'est une loi que dans le développement historique des nations, toute action est suivie d'une réaction.

Méthode des sciences mathématiques. — La démonstration. — La méthode des sciences mathématiques est la DÉMONSTRATION. — Aristote a défini la démonstration le *syllogisme du nécessaire*. — Nous savons ce qu'il faut entendre par vérités nécessaires ; ce sont les propositions dont le sujet et l'attribut sont unis par un lien qui ne peut pas ne pas être, et qu'aucun effort d'esprit ne parviendrait à rompre ; telle est la proposition suivante : Deux angles opposés par le sommet sont égaux. Au contraire, les propositions dont le sujet et le prédicat sont unis d'une manière accidentelle et passagère sont *contingentes* ; le rapport qu'elles énoncent peut cesser d'être uni, et même être remplacé par son contraire ; telle est cette proposition : Le temps est orageux. — Le but de la démonstration est d'établir des vérités nécessaires ; elle le fait en montrant que ces vérités sont les conséquences logiques d'autres vérités admises comme évidentes ou précédemment démontrées.

On voit par là en quoi la démonstration, bien qu'elle se présente sous forme déductive, diffère du syllogisme. Dans le syllogisme proprement dit, où n'intervient aucune considération touchant la vérité objective des propositions traitées, la conclusion sort *nécessairement* des prémisses ; étant donné que A est B, et que B est C, il ne se peut pas que A ne soit pas C ; mais une conséquence nécessaire peut fort bien n'être pas une vérité nécessaire ; la vérité des deux prémisses d'où sort nécessairement la conclusion n'est pas garantie ; il suffit au logicien que la conséquence soit extraite des prémisses, conformément aux lois de la pensée. Tout autre est la démonstration ; elle est un instrument de science, et à ce titre elle n'a pas seulement à tirer des conséquences logiques, mais à établir des vérités ; elle est astreinte à toutes les règles de la procédure logique; mais en même temps elle a des principes qu'elle ne trouve pas dans le syllogisme proprement dit, principes nécessaires comme les vérités qu'elle établit.

Des principes de la démonstration en général. — C'était, dans l'antiquité, une question vivement controversée, que celle de savoir si la démonstration pouvait remonter à l'infini. Aristote a montré par des arguments sans réplique que, dans la régression des vérités démontrées, il *fallait s'arrêter quelque part*.

Une vérité dérive d'une autre vérité; celle-ci d'une troisième; cette dernière d'une autre encore, et ainsi de suite; chacun des termes de cette série a pour garant le terme antérieur. Or, l'infini est une série inépuisable; par suite, si la série des vérités démontrées remontait à l'infini, la garantie serait indéfiniment reculée, et fuirait toujours devant l'esprit; il n'y aurait donc pas de démonstration. Quoi qu'en ait dit Pascal, ce ne serait pas une science idéale et parfaite, que celle qui démontrerait tout; ce serait au contraire un leurre incessant pour l'esprit. Une science idéale verrait intuitivement toute vérité et n'aurait pas besoin de dérouler péniblement, dans le temps, la chaîne des démonstrations. C'est une preuve d'infirmité, que d'avoir besoin d'établir ainsi les vérités les unes par les autres; mais cette infirmité serait incurable, s'il fallait poursuivre à l'infini l'enchaînement des propositions; la vérité nous échapperait toujours; nous aurions bien des propositions logiquement enchaînées, mais qui nous assurerait que ce sont là des vérités? En tête de chaque ordre de vérités, il y a des *principes*, c'est-à-dire des vérités de début, qui confèrent aux propositions qu'y rattachera déduction, la certitude scientifique.

Certains sophistes se demandaient encore si la démonstration, au lieu de se développer à l'infini, comme suivant une ligne droite, ne revenait pas en quelque sorte circulairement sur elle-même, et si la suite des vérités démontrées ne formait pas un tout fini et fermé. — Aristote faisait justice de cette conception contradictoire, de la façon suivante :

Admettons que la série des vérités déductivement extraites les unes des autres soit circulaire, et qu'elle se compose par exemple de quatre termes A, B, C, D. D'après l'hypothèse, D sera la conséquence de C, C la conséquence de B, B la conséquence de A, A la conséquence de D.

Mais la conséquence est logiquement postérieure au principe; par conséquent D, qui est la conséquence de A par l'intermédiaire de C et de B, en sera en même temps le principe; il sera à la fois antérieur et postérieur à A, puisqu'il le détermine et est déterminé par lui, ce qui est contradictoire et absurde.

Les principes des démonstrations sont des vérités nécessaires, évidentes par elles-mêmes. Aristote en distinguait deux sortes : les *principes communs* et les *principes propres*. — Les premiers sont des principes qui ne sont pas limités à un ordre unique de vérités, mais qui passent de l'un à l'autre, sans avoir cependant, comme les lois fondamentales de la pensée, une juridiction absolument universelle. Tel est l'axiome suivant : Deux quantités égales à une troisième sont égales entre elles; ce principe ne s'applique pas seulement aux grandeurs numériques ou aux grandeurs géométriques, mais il passe de l'arithmétique à la géométrie et de la géométrie à l'arithmétique; il est commun à l'une et à l'autre. — Les principes propres au contraire n'ont d'emploi que dans un ordre particulier de vérités; telles sont les définitions des nombres en arithmétique, des figures en géométrie;

elles ne sont pas de mise indifféremment dans l'une ou l'autre de ces sciences.

Avant de décrire le mécanisme de la démonstration mathématique, il nous faut d'abord en étudier les principes communs et les principes propres, c'est-à-dire les *axiomes* et les *définitions mathématiques*.

CHAPITRE II

LES AXIOMES MATHÉMATIQUES.

Les raisonnements mathématiques sont soumis, comme tout exercice déductif de l'esprit, à la juridiction universelle des lois formelles de la pensée, principe d'identité, principe de contradiction, principe du tiers exclu; mais, en même temps, ils ont pour *principes communs les axiomes mathématiques*.

Qu'est-ce qu'un axiome? — Le sens courant de ce mot est assez clair. On entend d'ordinaire par axiome une vérité nécessaire, évidente par elle-même, qui n'a pas besoin de démonstration, et qui sert à démontrer d'autres vérités. Mais ce signalement n'est pas sans manquer de précision; à le suivre à la lettre, on en viendrait à grouper sous le nom d'axiomes des propositions assez différentes les unes des autres. Ainsi ce serait un axiome que cette vérité: Une chose est ce qu'elle est; c'en serait un autre, que des grandeurs égales à une même grandeur sont égales entre elles; c'en serait un troisième, que la ligne droite est le plus court chemin d'un point à un autre. Ces trois propositions se ressemblent en effet, en ceci qu'elles sont nécessaires, qu'elles sont évidentes, qu'elles ne peuvent recevoir de démonstration, et qu'elles sont employées à démontrer d'autres vérités. Mais, malgré ces caractères communs, elles présentent des différences qui empêchent de les grouper ensemble. La première énonce une des conditions primitives et fondamentales de toute pensée ; qu'on l'appelle axiome si l'on veut, mais à la condition de ne pas la confondre avec la seconde qui a pour caractère essentiel d'énoncer un rapport général et constant entre des grandeurs indéterminées. La confusion entre la seconde et la troisième est encore, s'il se peut, plus impossible ; alors que l'une énonce, comme nous venons de le dire, un rapport entre des grandeurs indéterminées, l'autre énonce une propriété spéciale d'une figure déterminée, la ligne droite. L'évidence ne suffit donc pas à caractériser les axiomes ; ils doivent avoir d'autres marques qu'il nous faut rechercher.

Appelons principes, comme nous l'avons fait dans les précédents chapitres, ces vérités d'une application universelle, qui sont les nerfs de la pensée en tant que pensée, principe d'identité, principe de contradiction, principe du milieu exclu, et réservons le nom d'axiome pour les principes communs à chaque groupe déterminé de science. Quel est le caractère essentiel des axiomes mathématiques ?

Pour le savoir, considérons quelques-unes des propositions mises par les géomètres au nombre des axiomes. Ce nombre est assez variable. Les uns, avec Euclide, le fixent à douze ; les autres, comme l'auteur d'un traité de géométrie longtemps classique en France, le réduisent à cinq. Pour abréger notre examen, tenons-nous à ce dernier chiffre.

Voici les axiomes placés par Legendre en tête de ses *Éléments de géométrie :*

1° Deux quantités égales à une troisième sont égales entre elles ;

2° Le tout est plus grand que la partie ;

3° Le total est égal à la somme des parties dans lesquelles il est divisé ;

4° D'un point à un autre on ne peut mener qu'une seule ligne droite ;

5° Deux grandeurs, lignes, surfaces ou solides, sont égales, lorsque, étant placées l'une sur l'autre, elles coïncident dans toute leur étendue.

Ces cinq propositions ont sans doute des caractères communs ; à la rigueur on peut soutenir qu'elles sont toutes les cinq également évidentes ; mais ne présentent-elles pas des différences intrinsèques, qui empêchent de les grouper sous un même nom, et de leur attribuer un même rôle dans le mécanisme de la pensée mathématique ? — La première énonce, comme nous l'avons déjà dit, un rapport général et constant entre des grandeurs indéterminées. Qu'il s'agisse de forces, de grandeurs géométriques ou de nombres, quelles que soient l'intensité de ces forces, l'étendue de ces grandeurs, la composition de ces nombres, deux forces égales à une troisième sont égales entre elles, deux figures égales à une troisième sont égales entre elles, deux nombres égaux à un troisième sont égaux entre eux. — La seconde et la troisième ont aussi pour essence d'énoncer un rapport entre des quantités indéterminées, le tout mathématique et les parties dont il est fait ; quelle que soit la nature spéciale de ce tout, qu'il soit un système de forces, un ensemble de lignes, une somme d'unités, toujours le tout est plus grand que l'une de ses parties ; toujours il est égal à la somme des parties dans lesquelles il a été divisé. — Mais tel n'est pas le cas de la quatrième proposition ; il ne s'agit plus ici d'un rapport entre grandeurs indéterminées, mais, au contraire, de la propriété que possède une grandeur déterminée, la ligne droite, d'être le plus court chemin d'un point à un autre. Si les trois premières propositions sont des axiomes, la quatrième ne le sera pas. La cinquième non plus, non pas qu'elle énonce une propriété d'une figure déterminée ; elle a plus de généralité, puisqu'elle est relative à toutes les grandeurs géométriques, lignes, surfaces et solides ; mais, à la bien considérer, qu'est-elle, si ce n'est une définition de l'égalité géométrique, ou mieux encore l'énoncé d'un procédé pratique pour la reconnaître. Ce qu'elle formule, ce n'est donc pas un principe, mais un moyen de démonstration.

Cette proposition éliminée, nous avons d'une part des propositions qui énoncent des rapports généraux entre des grandeurs indéterminées, d'autre part une proposition qui exprime une propriété particulière d'une figure déterminée. Il n'est plus besoin d'un long examen pour savoir que les premières seules doivent être appelées axiomes. En effet, dans les sciences mathématiques, on appelle *théorème* tout énoncé d'une propriété spéciale à une grandeur déterminée. Que le théorème exige, comme c'est presque toujours le cas, une démonstration, ou qu'il n'en ait pas besoin, comme c'est le cas pour la quatrième proposition de Legendre, peu importe ; la caractéristique du théorème, ce n'est pas l'évidence, ou le besoin d'être démontré, c'est le fait d'être relatif à une grandeur nettement déterminée.

Nous appellerons donc axiomes mathématiques les propositions nécessaires, évidentes par elle-mêmes, qui énoncent des rapports entre des grandeurs indéterminées. On comprend dès lors que les axiomes soient les principes communs des démonstrations mathématiques ; leur juridiction n'est pas limitée à un ordre spécial de grandeurs ; les règles qu'ils posent sont applicables à toutes les sortes de grandeurs sans exception.

Telles sont, pour citer quelques exemples, les sept premières *notions communes* d'Euclide[1] :

---

1. Dans la géométrie d'Euclide, on donne le nom de notions communes à ce qu'on appelle ordinairement les axiomes.

1° Les grandeurs égales à une même grandeur sont égales entre elles ;

2° Si à des grandeurs inégales on ajoute des grandeurs égales, les sommes sont égales ;

3° Si de grandeurs égales on retranche des grandeurs égales, les restes sont égaux ;

4° Si à des grandeurs inégales on ajoute des grandeurs égales, les sommes seront inégales ;

5° Si de grandeurs inégales on retranche des grandeurs égales, les restes seront inégaux ;

6° Les grandeurs qui sont doubles d'une même grandeur sont égales entre elles ;

7° Les grandeurs qui sont les moitiés d'une même grandeurs sont égales entre elles.

Des postulats. — Cette théorie des axiomes peut sembler contredite par certaines particularités que présente la contexture même des sciences mathématiques. Ne trouve-t-on pas en effet, dans certaines de ces sciences, parfois au début, parfois à la suite de plusieurs démonstrations, quelques propositions nécessaires, qu'on ne peut supprimer sans arrêter court la suite des démonstrations, propositions dont l'évidence a parfois été contestée, mais qu'on a en vain essayé de démontrer ? Pour ne citer qu'un seul exemple, ne faut-il pas, sous peine d'arrêt, introduire dans la chaîne des vérités géométriques cette proposition que *par un point pris sur un plan, on ne peut mener qu'une parallèle à une droite donnée sur ce plan* ? N'est-ce pas là un principe, puisqu'il suffit de l'intercaler à une certaine articulation de l'organisme géométrique pour qu'on en voie sortir de nouvelles vérités, et qu'il suffit de le supprimer, pour enrayer d'une manière invincible tout développement ultérieur ? — Rien n'est moins contestable que le rôle nécessaire de cette proposition dans l'enchaînement des vérités géométriques. Ce n'est cependant pas une raison pour en faire un axiome. C'est un principe, si l'on veut; mais dans tous les cas, ce n'est pas un principe commun, à la manière des axiomes plus haut décrits; c'est un principe, dans le sens où le théorème démontré devient le principe de théorèmes à démontrer. Toutefois, pour distinguer les propositions de cette espèce des théorèmes proprement dits qui se démontrent, il convient de les appeler **postulats**. On *demande*, par exemple, qu'il soit admis sans preuve, puisque toute preuve en est impossible, que par un point pris sur un plan on ne peut mener, dans ce plan, qu'une parallèle à une droite donnée.

CHAPITRE III

DES DÉFINITIONS MATHÉMATIQUES.

L'origine des notions mathématiques a donné lieu à des controverses encore pendantes parmi les philosophes. Pour les uns, nombres et figures sont des types créés de toutes pièces par l'esprit, et qui s'imposent aux choses de l'expérience, en vertu d'une mystérieuse concordance entre la pensée et la réalité extérieure. Pour les autres, au contraire, nombres et figures ne font pas exception à cette loi générale d'après laquelle toute connaissance dériverait soit directement, soit indirectement de l'expérience sensible. Dans un cas, les notions mathématiques seraient des modèles; dans l'autre, elles seraient des copies.

Ce n'est pas le lieu d'entrer dans cette controverse, et de peser les raisons invoquées de part et d'autre. Il nous suffira de constater deux faits : en premier lieu, quelque opinion qu'on professe sur l'origine des notions mathématiques, on ne contestera pas qu'elles ne sont pas des représentations absolument exactes des réalités extérieures. L'unité est divisible en parties rigoureusement égales; il n'en est pas ainsi d'un objet réel; jamais la moitié, le quart, le dixième de cet objet ne sera rigoureusement égal à l'autre moitié, à chacun des trois autres quarts, à chacun des neuf autres dixièmes, et même, plus les subdivisions se multiplieront, plus l'inégalité réelle des parties augmentera. Le cercle des géomètres a des rayons absolument égaux; jamais il n'en sera ainsi des rayons d'un cercle réel; tous les points d'une surface sphérique sont équidistants du centre; jamais il n'en sera de même des rayons d'une sphère matérielle. — En second lieu, le mathématicien considère souvent des nombres et des figures dont il n'a jamais trouvé les modèles dans la réalité. Toute division d'un objet réel en parties égales a une limite que nos sens et nos instruments de précision, même les plus perfectionnés, sont impuissants à franchir; cette limite, la pensée du mathématicien la franchit aisément, et au delà des plus petites divisions possibles d'un objet, il conçoit d'autres divisions encore, et toujours à l'infini; — de même, il est des limites à l'addition des objets; il n'en est pas à celle des unités mathématiques; la nature a bien vite cessé de fournir; la numération ne s'arrête jamais. De même en géométrie, si variées que soient les formes réalisées dans la nature, il en est dont le géomètre étudie les propriétés, sans les avoir jamais rencontrées dans le monde extérieur. Qui a vu un polygone régulier d'un millier de côtés?

Il résulte de ce double fait que même dans le cas où l'esprit tirerait de l'expérience les premiers éléments dont il compose les notions mathématiques, il les élabore, les transforme, et ne tarde pas à s'affranchir des suggestions expérimentales. Il procède alors comme s'il les tirait de son propre fonds. Aussi, sans prendre ici parti dans ce conflit de doctrines sur l'origine première des notions mathématiques, on peut et on doit considérer ces notions comme des **constructions** faites par l'esprit suivant des lois qu'il pose, constructions qui sont en partie, mais en partie seulement et imparfaitement reproduites par la réalité sensible.

La chose est vraie des nombres. Qu'est-ce qu'un nombre ? On doit définir le nombre la synthèse de l'unité et de la multiplicité ; en termes moins abstraits, tout nombre est une somme définie d'éléments identiques appelés unités. L'unité mathématique n'est pas un nombre, mais l'élément commun de tous les nombres. *Omnibus ex nihilo ducendis sufficit unum*, disait Leibnitz. *Tout nombre défini est une construction dont les matériaux sont l'unité répétée, et dont la loi est la limite posée par l'esprit à la composition de l'unité avec elle-même.* Je construis le nombre 2, le plus simple de tous, en ajoutant l'unité à elle-même ; le nombre 3, en ajoutant l'unité au nombre 2 ; le nombre 100, en ajoutant l'unité au nombre 99, et ainsi du reste, sans limite assignable. L'unité est divisible par les nombres qu'elle a servi à former : $\frac{1}{2}$, $\frac{1}{3}$, $\frac{1}{10}$, $\frac{1}{100}$, etc. Il en est de ces unités 2, 3, 10, 100 fois plus petites, comme de l'unité proprement dite ; elles se composent avec elles-mêmes suivant les mêmes lois. — Tout nombre donné est donc un cas particulier de la loi générale de composition de l'unité avec elle-même.

Les figures géométriques sont aussi des **constructions** ; les éléments communs en sont *l'espace*, partout homogène, le *point mathématique*, et *le mouvement de ce point dans l'espace*. L'essence de chaque figure dérive de la loi assignée par l'esprit au mouvement du point mathématique dans l'espace, et au mouvement des figures ainsi engendrées. — Éclaircissons cette définition par des exemples. L'espace du géomètre, ou étendue abstraite à trois dimensions également illimitées, est indifférent à toutes les figures, à toutes les déterminations particulières, mais par là même il peut les recevoir toutes. Toute figure est une détermination de l'étendue, une limite, c'est-à-dire une *définition*, au sens étymologique du mot (*finis*, limite), imposée à une portion de l'espace. En traçant trois lignes droites qui se coupent, j'ai circonscrit d'une façon déterminée une certaine portion de l'étendue. La forme géométrique résulte de la loi assignée par l'esprit au mouvement des éléments géométriques dans l'espace. Ainsi la ligne droite est la ligne engendrée par un point qui se meut uniquement vers un autre point fixe; la circonférence est la ligne engendrée par un point qui se meut en restant toujours à la même distance d'un point fixe intérieur; — l'ellipse est la courbe engendrée par un point dont le mouvement est astreint à cette condition que la somme de ses distances à deux points fixes intérieurs soit constante. — Pour ce qui est des surfaces, si je fais se couper quatre lignes droites sur un plan, je construis un quadrilatère; si j'impose à ces lignes la double condition de se couper à angle droit et d'être égales entre elles, le quadrilatère construit est un carré; je construis par un procédé analogue les polygones d'un plus grand nombre de côtés. D'une manière plus générale, la géométrie analytique distingue dans les surfaces, des surfaces de révolution et des surfaces réglées; les premières sont engendrées par une ligne quelconque tournant autour d'une ligne droite; ainsi la surface sphérique produite par la rotation d'une demi-circonférence autour de son diamètre; — les surfaces réglées sont engendrées par le mouvement d'une ligne droite : ainsi le plan que l'on peut considérer comme engendré par une ligne droite assujettie à passer par un point fixe et à toucher une ligne droite fixe. —Le mouvement des surfaces rectilignes et des surfaces courbes produit ensuite tous les solides : le cylindre est engendré par la révolution du rectangle autour d'un de ses côtés; le cône, par la révolution du triangle rectangle autour d'un des côtés de l'angle droit; la sphère, par la révolution d'un demi-cercle autour du diamètre. Ainsi, qu'il s'agisse de lignes, de surfaces ou de solides, étant donnés un point, une ligne, une surface en mouvement, la loi variable de ce mouvement étant posée par l'esprit, on peut engendrer toutes les déterminations de l'espace.

De là nous allons voir sortir les caractères spéciaux des définitions mathématiques.

Caractères des définitions mathématiques. — 1° Comme toutes les définitions, elles doivent énoncer l'essence, et non l'accident. Mais si tout nombre, toute forme géométrique est le produit d'une loi particulière de construction, cette loi ne constituera-t-elle pas l'essence même de ce nombre, de cette figure? L'unité est toujours identique à elle-même dans tous les nombres; ce n'est pas elle, par conséquent, qui peut constituer l'essence de chaque nombre déterminé; elle est la matière commune de tous les nombres. De même l'espace, partout homogène, est le même dans toutes les figures; il est la matière commune de toutes les formes géométriques. Ce qui fait l'essence d'un nombre, d'une figure, c'est la limite déterminée par l'esprit dans l'une ou l'autre de ces matières communes de tous les nombres et de toutes les figures. Or cette limite résulte de la loi génératrice de tel nombre ou de telle figure. La définition de ce nombre ou de cette figure énoncera cette loi; elle se fait par *génération*. Ainsi je définis le nombre 10, le nombre engendré en ajoutant l'unité au nombre 9; la circonférence, la courbe engendrée par le mouvement d'un point qui se meut en restant toujours à la même distance d'un point fixe intérieur.

2° Cette première propriété en entraîne une autre. La notion mathématique est pour ainsi dire engendrée d'un seul coup; elle ne se forme pas graduellement par la réunion successive d'éléments différents. Quand nous rencontrerons plus loin les définitions empiriques, nous verrons que les éléments en sont récoltés peu à peu dans le champ de l'expérience; la notion d'homme, par exemple, ou celle de mammifère, n'a pas été formée tout d'une pièce; elle est faite de morceaux qui ont été rapprochés et unis au fur et à mesure des révélations de l'expérience, et elle n'est jamais close; toujours elle reste ouverte aux éléments nouveaux que la science pourra découvrir dans l'homme ou dans le mammifère. Autres sont les définitions mathématiques; comme elles énoncent la loi génératrice d'un nombre ou d'une figure, elles sont complètes aussitôt que cette loi est conçue et posée par l'esprit; par suite elles sont *définitives* et *immuables*. Aristote n'avait pas de l'homme la même idée que Buffon; de Buffon à Cuvier cette idée s'est modifiée, enrichie, complétée; elle s'est modifiée encore de Cuvier à Claude Bernard; elle se modifiera encore, toujours; mais nos géomètres ne se font pas du cercle une autre idée que Platon et Euclide.

3° La définition mathématique, nombre ou figure, contient plusieurs éléments; c'est, dans le nombre, une somme définie d'unités; c'est, dans les formes géométriques, un système de rapports entre les limites de la figure. Le lien de ces éléments n'est pas contingent, mais nécessaire. Étant posé le nombre 3, je ne puis, sans le détruire, y ajouter ou en retrancher une unité. De même le point dont le mouvement engendre une ligne droite ne peut changer de direction sans qu'aussitôt la figure engendrée soit autre.

4° Par suite les définitions mathématiques sont absolument *universelles*. L'unité abstraite avec laquelle nous construisons tous les nombres est partout et toujours la même. Comme les lois suivant lesquelles nous la composons avec elle-même sont posées par l'esprit, il n'est pas à craindre qu'elles puissent ici ou là trouver obstacle à leur réalisation. Les constructions géométriques peuvent de même être répétées, sans modifications essentielles, dans tous les points de l'espace. L'espace n'est-il pas partout semblable à lui-même? Et les lois suivant lesquelles nous en déterminons certaines parties ne sont-elles pas l'œuvre d'un esprit qui ne change pas d'essence? Les définitions mathématiques ont par suite une valeur absolument universelle.

5° Enfin elles sont sinon absolument, du moins relativement *à priori*. En admettant même que nous empruntions à l'expérience les matériaux bruts des notions mathématiques, il est hors de doute qu'en formant les nombres, en construisant les figures, nous ne suivons pas docilement les suggestions de l'expérience. Nous en détachons entièrement ce que nous pouvons y avoir pris; nous l'élaborons, nous en faisons la matière d'une création véritable.

CHAPITRE IV

DE LA DÉMONSTRATION MATHÉMATIQUE.

Dans toute démonstration mathématique, il s'agit de *découvrir et de faire voir la liaison nécessaire de plusieurs notions données.* — Soit, par exemple, l'équation $x^2 + px + q = 0$, la valeur de x est liée d'une manière nécessaire aux valeurs de p et de q ; c'est elle qu'il s'agit de déterminer en résolvant l'équation. Soient encore les trois angles d'un triangle rectiligne et deux angles droits ; ces deux formes géométriques ont entre elles une liaison nécessaire que la démonstration a pour but de mettre en lumière.

Caractères des propositions mathématiques. — Pour bien comprendre le mécanisme et la portée de la démonstration mathématique, il faut connaître exactement la nature des propositions qu'elle enchaîne. En traitant de la proposition en général, nous avons dit que le rapport du prédicat au sujet était ou un rapport d'inhérence du prédicat au sujet, ou un rapport d'inclusion du sujet dans la classe désignée par le prédicat. Cette formule n'est pas applicable aux propositions mathématiques. Les notions mathématiques se distribuent jusqu'à un certain point en genres et en espèces ; ainsi le triangle rectangle, le triangle isocèle, le triangle scalène sont des espèces du genre triangle ; à son tour, le triangle en général est une espèce du genre polygone ; le polygone est à son tour une espèce des surfaces. Mais la démonstration mathématique ne va pas, en général, comme le syllogisme, du genre à l'espèce ; si parfois le géomètre établit certaines propriétés communes à toute une catégorie de courbes ou de surfaces, dans la presque totalité des cas, il a en vue d'établir les propriétés particulières d'une figure déterminée. A l'aide des symboles de l'algèbre, il généralise les résultats obtenus ; mais ces résultats n'en sont pas moins le produit des procédés que nous allons bientôt décrire.

Quelle est donc la nature des propositions mathématiques ? — A la suite de Condillac, toute une école de logiciens n'a voulu voir en elles que des propositions identiques, ou des propositions analytiques ; le prédicat serait implicitement contenu dans le sujet ; la démonstration aurait pour but et pour résultat de l'en faire sortir ; de là le caractère nécessaire du produit de cette opération, le lien du prédicat et du sujet ne saurait pas ne pas être, puisque le prédicat serait le sujet lui-même, et que, dès lors, le sujet posé, le prédicat le serait aussi implicitement. — Rien n'est moins exact que cette doctrine, qui ne tendrait à rien moins qu'à faire du système entier des mathématiques une vaste tautologie, où tout progrès apparent se réduirait à une éternelle répétition. Les notions qu'unissent les propositions mathématiques ne sont pas des redites les unes des autres ; si le nombre 10 est égal à 5 + 5, il diffère de la somme 5 + 5 par la forme imposée à la réunion des 10 unités, ici assemblées en un seul nombre, là groupées en deux nombres égaux. Si deux triangles qui ont un angle égal compris entre deux côtés égaux chacun à chacun sont égaux, ces deux triangles n'en diffèrent pas moins l'un de l'autre par les positions différentes qu'ils occupent dans l'espace ; si la somme des trois angles d'un triangle rectiligne est équivalente à deux angles droits, autre chose est tracer dans l'espace les trois angles de ce triangle, autre chose y tracer deux angles droits. Ces deux formes sont irréductibles l'une à l'autre, et ainsi de toutes les notions géométriques. Comme Kant l'a vu le premier, les propositions mathématiques sont des *syn-*

thèses, c'est-à-dire des liaisons de grandeurs égales ou équivalentes.

Par là s'explique le caractère particulier de la copule mathématique. C'est la copule *égale*, et non la copule *est*. Cette dernière n'aurait pas de sens en mathématiques ; 10 n'*est* pas 5 + 5 ; la somme des trois angles d'un triangle n'*est* pas deux angles droits ; 5 + 5 n'est pas identique à 10 ; 5 + 5 n'est pas inhérent à 10 ; 10 n'est pas inclus dans 5 + 5 ; de même deux angles droits ne sont pas identiques aux trois angles d'un triangle ; ils n'y sont pas inhérents, et la somme de ces trois angles n'est pas contenue dans deux angles droits, comme une espèce dans une classe ; mais 5 + 5 et 10, les trois angles d'un triangle et deux angles droits sont des grandeurs de formes différentes, et cependant équivalentes, et pouvant être substituées les unes aux autres.

Les propositions mathématiques, dont le sujet et le prédicat sont liés par la copule *égale*, sont universelles et nécessaires. Cette universalité dérive de la nature des notions qu'elles unissent. Tout nombre, toute figure est quelque chose de singulier ; c'est le nombre 10, le nombre 100 ; c'est ce triangle, ce cercle ; mais comme ce nombre, cette figure peuvent être répétés dans tout instant du temps, dans toute portion de l'espace, ce que j'en affirme est vrai universellement, abstraction faite des différences qui résultent de la durée dans le temps et de la situation dans l'espace. Comme l'a dit Kant, chaque nombre, chaque figure est un *schème*, c'est-à-dire une représentation individuelle d'un système de rapports universels.

La nécessité des propositions mathématiques n'a pas une autre source. Nous avons vu que les éléments de la notion mathématique sont unis entre eux d'une façon nécessaire ; il suit de là que les rapports d'égalité, de similitude et d'équivalence des notions mathématiques distinctes dérivent de la nature même de ces notions, et ne peuvent pas ne pas être. Étant données la définition de 10 et celle de 5, il ne se peut pas que 5 + 5 ne soit pas égal à 10.

Mécanisme de la démonstration. — Ceci dit, décrivons la démonstration mathématique. — Cette opération consiste à effectuer la liaison de grandeurs données. Tantôt cette synthèse se fait immédiatement, c'est-à-dire sans moyen terme, et jaillit en quelque sorte de la position même des termes ; tantôt, et c'est le plus souvent, elle requiert un ou plusieurs intermédiaires. Ces intermédiaires sont toujours des grandeurs égales ou équivalentes aux grandeurs données, et qui, par suite, peuvent être substituées à celles-ci dans les propositions ou équations mathématiques. Dans ce cas, la démonstration est une série de **substitutions**.

Pour plus de précision, considérons sur des exemples empruntés à la géométrie, les différents cas de la démonstration. L'artifice de la démonstration géométrique, lorsque la liaison n'apparaît pas immédiatement, est triple ; il consiste tantôt à superposer les figures ; tantôt à les ramener à une même grandeur, sans en changer la forme ; tantôt enfin à les déformer sans en changer la grandeur.

1er cas : *La synthèse des deux notions données est immédiate.* — Ce cas est rare en géométrie ; on peut cependant en citer quelques exemples : la ligne droite est le plus court chemin d'un point à un autre ; ici la liaison du prédicat et du sujet apparaît spontanément : il n'est pas besoin pour la faire voir d'introduire un intermédiaire entre les deux termes ; d'où vient qu'on a souvent pris cette proposition pour un axiome. — Si deux circonférences O et O', qui n'ont aucun point commun, sont extérieures l'une à l'autre, la distance de leurs centres est plus grande que la somme de leurs rayons. Il suffit de jeter les regards sur la construction pour voir que la droite OO' est plus grande que la somme des rayons OA et O'A'.

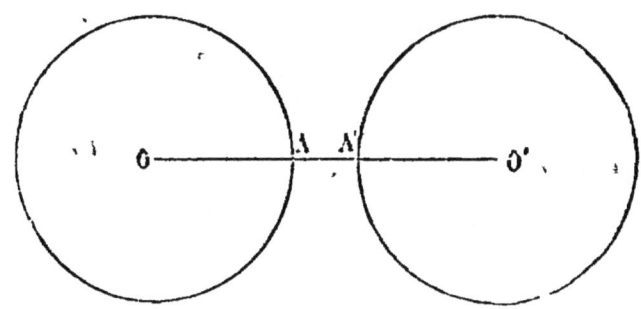

2ᵉ *cas : Synthèse immédiate par superposition.* — Soit à démontrer que deux triangles qui ont un angle égal compris entre deux côtés égaux chacun à chacun sont égaux. Je superpose le triangle A'B'C' au triangle ABC, de façon à faire coïncider les sommets des angles en A et en A'; comme par hypothèse les angles en A et en A' sont

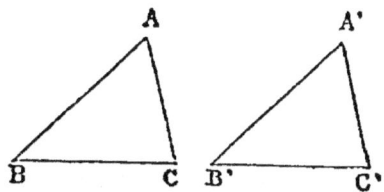

égaux, que les côtés AB et A'B', AC et A'C' sont respectivement égaux, A'B' prendra la direction AB, B' tombera en B; A'C' prendra la direction AC, C' tombera en C, et les deux figures coïncideront dans toutes leurs parties.

3ᵉ *cas : Décomposition de la figure sans déplace-*

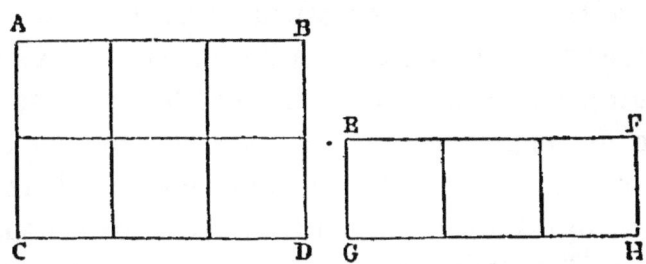

ment de parties. — Deux rectangles de même base sont

entre eux comme leurs hauteurs. Pour démontrer que les rectangles ABCD et EFGH, qui ont même base, sont entre eux comme leurs hauteurs dont l'une est double de l'autre, je décompose chacun d'eux en un certain nombre de carrés égaux, et je vois que le rectangle ABCD en contient deux fois plus que le rectangle EFGH.

4ᵉ *cas : Décomposition de la figure et déplacement des parties sans déformation de la figure totale.* — Soit à démontrer que la somme des trois angles d'un triangle est équivalente à deux angles droits.

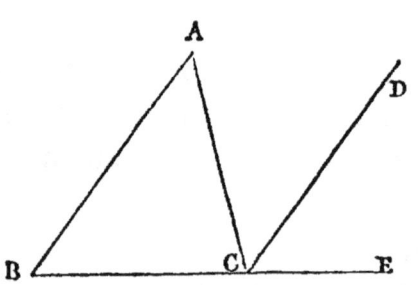

La superposition est impossible, puisque les deux grandeurs supposées équivalentes n'ont pas même forme ; il me faut recourir à un artifice de construction. Au point C, sommet de l'un des angles du triangle ABC, je construirai du même côté du prolongement de BC deux angles respectivement égaux aux angles en A et en B. La théorie des parallèles m'en fournit le moyen ; elle n'intervient pas comme mineure d'un raisonnement, mais elle me permet de faire une construction, sans laquelle l'intuition de la synthèse proposée serait impossible; je mène CD parallèle à AB; je construis ainsi l'angle ACB égal à l'angle BAC, comme alternes internes, et l'angle DCE, égal à l'angle ABC, comme correspondants. J'ai décomposé le triangle en ses trois angles; j'en ai transporté deux au sommet de l'autre, du même côté d'une droite; or je sais que la somme des angles construits, avec un sommet commun, du même côté d'une droite sont égaux à deux droits ; donc les angles du triangle ABC sont égaux à deux droits.

5ᵉ *cas : Transformation de la figure en une figure équivalente.* — Soit à démontrer qu'un trapèze a pour mesure le produit de la somme de ses bases par la moitié de sa hauteur, ou, ce qui revient au même, qu'il est équivalent au triangle qui aurait pour base la somme des bases du trapèze et la même hauteur. — Je prolonge la base BC d'une quantité égale à AD; je joins A et E; j'obtiens ainsi un triangle équivalent au trapèze ABCD:

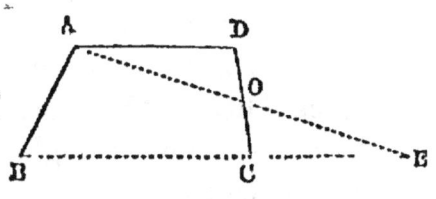

en effet, les deux triangles AOD et EOC sont égaux; le trapèze est égal à la somme de AOCB et de AOD: si j'en retranche le triangle AOD et que j'y ajoute le triangle égal COE, la surface totale n'est ni augmentée ni diminuée. Par conséquent, le trapèze ABCD est équivalent au triangle ABE qui a pour mesure le produit de la somme BC et CE par la moitié de sa hauteur.

6° *Mélange des différents cas.* — Soit à démontrer que le carré de l'hypoténuse d'un triangle rectangle est égal à la somme des carrés des deux autres côtés. Comment procéder? La superposition directe est impossible, car la somme des deux petits carrés n'a pas même forme que le grand. Mais si, décomposant le grand carré en deux rectangles, je montre que chacun d'eux est égal à l'un des petits carrés, la proposition sera démontrée. Mais ici encore la superposition directe est impossible; un rectangle n'a pas même forme qu'un carré; les

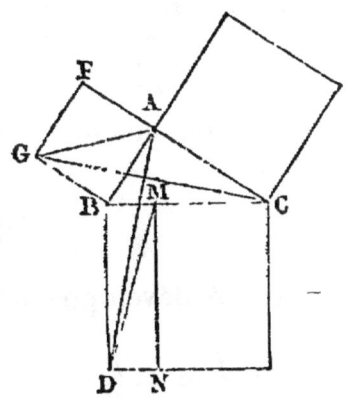

deux figures ne peuvent coïncider. Un artifice est donc indispensable. Si le rectangle et le carré respectifs sont égaux, leurs moitiés sont égales. Or, le triangle AGB est la moitié du carré AFGB; le triangle BMD est la moitié du rectangle

BMND. Mais là encore la superposition des deux triangles est impossible ; ils n'ont pas même forme. Pour sortir de peine, je modifierai progressivement les deux triangles en question sans en changer la grandeur, c'est-à-dire sans en modifier la base et la hauteur ; ils deviendront ainsi les triangles GBC et ABD ; or, ces deux triangles sont égaux, car ils ont chacun un angle égal compris entre deux côtés respectivement égaux.

Telles sont ici les articulations successives de la démonstration. On voit comment, pour faire apparaître la liaison nécessaire des deux grandeurs données dans la question, il a fallu intercaler entre elles toute une série de grandeurs équivalentes.

Cette procédure est commune à toutes les démonstrations mathématiques. On s'en convaincra aisément si l'on passe de la géométrie à la science des grandeurs en général, abstraction faite des matières où elles sont réalisées.

Soit l'équation $x^2 + px + q = 0$. On demande la valeur de x en fonction de p et de q. Je la déterminerai par une série de substitutions. Je remarque d'abord que le binôme $x^2 + px$ est composé des deux premiers termes du carré $x^2 + px + \frac{p^2}{4}$; j'ajoute $\frac{p^2}{4}$ à l'équation donnée ; je l'en retranche en même temps, ce qui n'en change pas la valeur :

$$x^2 + px + \frac{p^2}{4} - \frac{p^2}{4} = 0 ;$$

au carré développé $x^2 + px + \frac{p^2}{4}$, je substitue son équivalent $\left(x + \frac{p}{2}\right)^2$

$$\left(x + \frac{p}{2}\right)^2 - \frac{p^2}{4} + q = 0.$$

Je fais passer $\frac{p^2}{4} + q$ dans le second membre de l'équation, ce qui, grâce au changement de signes, n'en change pas la valeur,

$$\left(x+\frac{p}{2}\right)^2=\frac{p^2}{4}-q,$$

d'où je tire

$$x+\frac{p}{2}=\pm\sqrt{\frac{p^2}{4}-q};$$

faisant passer $+\frac{p}{2}$ dans le second membre, il vient

$$x=-\frac{p}{2}\pm\sqrt{\frac{p^2}{4}-q}.$$

Ainsi du plus simple raisonnement d'arithmétique

$$3+1=4$$
$$2+2=4$$
donc : $$3+1=2+2,$$

aux spéculations les plus élevées et les plus complexes du calcul intégral, la démonstration mathématique procède par substitution de grandeurs égales ou de grandeurs équivalentes. L'invention, en mathématiques, consiste à découvrir des liaisons nouvelles entre les grandeurs ou leurs symboles, et les intermédiaires grâce auxquels ces liaisons apparaissent comme les conséquences nécessaires de liaisons déjà démontrées ou évidentes par elles-mêmes.

Des démonstrations analytiques et des démonstrations synthétiques. — Voir plus loin, page 160.

CHAPITRE V

DE LA DÉMONSTRATION MATHÉMATIQUE (suite).

Le mécanisme des démonstrations mathématiques une fois décrit, il nous faut rechercher quel est le rôle des axiomes et celui des définitions.

Rôle des axiomes dans la démonstration. — Les axiomes, ou propositions énonçant des rapports évidents entre des grandeurs indéterminées, sont, avons-nous dit, les principes communs des démonstrations. On devrait, ce semble, en conclure qu'ils sont les majeures énoncées ou sous-entendues de tous nos raisonnements en matière mathématique.

Deux quantités égales à une troisième sont égales entre elles;

or, $\quad 3+1=4; \quad 2+2=4$
donc : $\quad 3+1 = 2+2.$

Cependant, à y regarder de près, il est aisé de voir que les axiomes n'interviennent pas directement dans la démonstration.

Soit à prouver que deux angles opposés par le sommet sont égaux.

J'ai : $\quad$ ACB + ACE = 2 angles droits;
$\quad\quad\quad$ ECD + ACE = 2 angles droits;
donc : $\quad$ ACB + ACE = ECD + ACE
or, $\quad\quad$ ACB = ECD.

C'est là un raisonnement probant, très clair et très complet, que j'ai formulé sans faire intervenir l'axiome : Deux quantités égales à une troisième sont égales entre elles. On dira peut-être que cet axiome est la majeure sous-entendue de mon raisonnement, et le principe de ma conclusion? En aucune manière; une telle proposition ne saurait être la majeure d'aucun syllogisme. Pour le faire voir clairement, considérons d'abord un raisonnement composé avec des notions d'espèces et de genres :

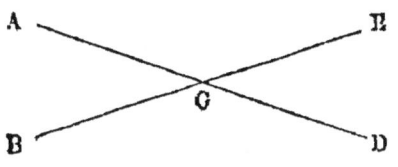

Tout homme est mortel,
Socrate est homme.
donc : Socrate est mortel.

Voilà un syllogisme rigoureux et une conclusion indubitable. Si je pose à ce syllogisme une majeure telle que : Ce qui est vrai de l'espèce est vrai de l'individu, et que je raisonne de la façon suivante :

Ce qui est vrai de l'espèce est vrai de l'individu,
or, mortel est vrai de l'espèce homme,
donc : mortel est vrai de l'individu Socrate,

la conclusion est vraie en elle-même, mais elle n'est pas logiquement déduite des prémisses. Dans tout syllogisme, en effet, le moyen terme doit être le même dans la majeure et dans la mineure; autrement les deux extrêmes ne seraient pas comparés à la même idée et toute conclusion serait impossible. Or ici, le moyen terme est, dans la prétendue majeure, *vrai de l'espèce* et, dans la prétendue mineure, *vrai de l'espèce homme;* dans l'une, il s'agit de l'espèce en général; dans l'autre, d'une espèce en particulier, d'une espèce déterminée, l'espèce humaine; il y a donc deux moyens termes, par suite le raisonnement ne peut logiquement aboutir à une conclusion légitime.

Ce vice serait celui du raisonnement suivant : Deux

quantités égales à une troisième sont égales entre elles;

or, ABC + ACE = 2 droits; ECD + ACE = 2 droits;
donc : ABC + ACE = ECD + ACE.

La conclusion, vraie en elle-même, ne dérive pas logiquement des deux prémisses posées; de l'une à l'autre, en effet, nous passons de la *quantité indéterminée* à la notion d'une *quantité déterminée;* le moyen terme est ici « égal à une troisième quantité », et là, « égal à deux angles droits ».

L'axiome n'est donc pas la majeure véritable du syllogisme mathématique. Expression de rapports entre des grandeurs indéterminées, les axiomes sont des vérités stériles par elles-mêmes; on a beau les presser, on ne saurait en faire sortir des vérités particulières. En ce sens, Locke a eu raison de dire « qu'un homme de talent, connaissant aussi parfaitement qu'on voudra tous les axiomes dont on fait usage dans les mathématiques, qu'il en considère l'étendue et les conséquences autant qu'il lui plaira, jamais, par leur seul secours, il ne parviendra à savoir que le carré de l'hypoténuse est égal au carré des deux autres côtés. La connaissance de l'axiome que le tout est égal à toutes les parties, et autres semblables, ne servirait de rien pour arriver à la démonstration de cette proposition, et un homme pourrait méditer éternellement sur ces axiomes sans faire un pas de plus dans la connaissance des vérités mathématiques. »

Pourtant les axiomes ont une fonction dans la démonstration mathématique. Quelle est-elle? Ces vérités, nous l'avons dit et répété, énoncent des rapports généraux entre des grandeurs indéterminées; on ne saurait passer de là aux propriétés des grandeurs déterminées, véritable objet des sciences mathématiques, sans l'intervention d'un autre facteur qui est, comme nous le verrons bientôt, fourni par les définitions. Mais la liaison des notions mathématiques requiert une garantie. Cette garantie est donnée à la fois par les principes formels de toute pensée, et par les axiomes qui énoncent les rapports généraux pouvant exister entre les grandeurs. Les axiomes sont donc les cadres vides des démonstrations mathématiques ; — deux quantités égales à une troisième sont égales entre elles ; — une infinité de quantités satisfont à cette condition ; mais si des grandeurs déterminées n'étaient pas données, l'axiome ne produirait par lui-même aucune conséquence.

Rôle des définitions dans la démonstration. — L'axiome est le principe commun d'un nombre indéfini de démonstrations ; les définitions sont les principes propres de chaque démonstration particulière. Pour reprendre l'axiome qui vient d'être cité, la démonstration suivante

$$5 + 4 = 9$$
$$9 = 3 + 3 + 3,$$
donc : $$5 + 4 = 3 + 3 + 3,$$

a pour principe commun l'axiome : Deux quantités égales à une troisième sont égales entre elles, et pour principes propres les définitions de 5, de 4, de 9, et de 3. Le rapport d'égalité formulé dans la conclusion, dérive à la fois de la relation des deux prémisses considérée dans sa généralité et des relations qui dérivent entre les sommes $5 + 4$, et $3 + 3 + 3$, de leur composition respective.

Examinons de plus près le rôle des définitions dans les démonstrations, surtout dans les démonstrations géométriques.

Tout théorème à démontrer, tout problème à résoudre se présente d'abord sous forme de question. L'énoncé de la question pose les grandeurs entre lesquelles un certain rapport est cherché. Chacune de ces grandeurs est l'objet d'une définition, et il est incontestable que le rapport cherché résulte de l'essence de chacune d'elles. Si, par exemple, $5 + 4$ est égal à $3 + 3 + 3$, c'est que chacun de ces groupes contient le même nombre d'unités, malgré la façon différente dont elles sont groupées. Un premier office des définitions, c'est de faire comprendre à l'esprit la question à résoudre.

La question posée, il faut la résoudre. Nous savons comment l'esprit y parvient; il intercale entre les termes de la question un ou plusieurs intermédiaires égaux ou équivalents à ces termes. Ces intermédiaires sont fournis par les définitions; ils sont toujours des grandeurs, et si l'essence de ces grandeurs n'était pas entendue, la liaison des termes, qu'elles ont pour but de montrer, ne saurait apparaître.

On a contesté le rôle fécond des définitions dans les démonstrations géométriques. « Toute définition, a dit Stuart Mill, contient deux propositions « dont l'une est relative, par hypothèse, à un point de fait, et l'autre une définition légitime. Ainsi il peut exister une figure dont tous les points de la ligne qui la termine sont à une égale distance d'un point intérieur; toute figure ayant cette propriété est appelée un cercle ». La démonstration, d'après Stuart Mill, dépendrait non de la définition proprement dite, mais de la possibilité impliquée dans toute définition. « Du centre A décrivez le cercle BCD. Il est supposé ici qu'une figure comme celle indiquée par la définition peut être tracée, et cette supposition n'est que le postulat caché dans la définition. Mais que cette figure soit ou ne soit pas appelée cercle, c'est tout à fait indifférent. On aurait obtenu absolument le même résultat, sauf la brièveté, en disant : Du point B tirez une ligne revenant sur elle-même, dont chaque point sera à une égale distance du point A. De cette manière, la définition du cercle dispa-

raîtrait et serait rendue inutile, mais non le postulat y impliqué, sans lequel il n'y aurait pas de démonstration.
— Le cercle étant décrit, suivons la conséquence. Puisque BCD est un cercle, le rayon BA est égal au rayon CA. — BA est égal à CA, non parce que BCD est un cercle, mais parce que BCD est une figure à rayons égaux. Notre garantie pour admettre qu'une telle figure autour du centre A, avec le rayon BA, peut être réalisée, est dans le postulat[1]. »

Ce passage contient plusieurs confusions. En premier lieu, on confond la notion d'une figure déterminée et la possibilité de l'appliquer à la réalité phénoménale. La géométrie n'est pas sans doute l'œuvre d'un esprit pur, et l'intuition de l'espace est indispensable à la génération des figures; mais en construisant une figure dans l'espace, nous ne nous préoccupons pas de savoir si elle sera rigoureusement réalisée dans les phénomènes sensibles; en fait, elle ne l'est jamais; les figures réelles sont toujours entachées de quelque imperfection; par suite, si le postulat de fait que Stuart Mill prétend impliqué dans toute définition était le vrai principe des démonstrations, il n'y aurait pas de démonstrations. — En second lieu, Stuart Mill confond la définition véritable avec l'imposition d'un nom à la figure définie. La définition d'une figure, c'est l'énoncé de sa loi de construction; que cette loi soit appelée d'un nom ou d'un autre, peu importe, en effet; mais l'imposition du nom n'est pour rien dans l'affaire, elle n'est pas la définition; ce que Stuart Mill appelle l'hypothèse ou le postulat impliqué dans la définition est la définition elle-même.

1. *Système de logique*, liv. I, ch. VIII.

CHAPITRE VI

OBJET DES SCIENCES DE LA NATURE.

Les sciences de la nature ont pour objet les phénomènes matériels qui s'accomplissent dans le temps et dans l'espace. Rien de plus multiple et de plus varié que cet objet; les phénomènes se succèdent sans trêve et sans fin dans une durée interminable; ils remplissent, sans lacune, une étendue sans bornes, et chacun d'eux ne diffère pas simplement des autres par la place qu'il occupe dans le temps et dans l'espace, mais encore par des qualités et des caractères qui frappent diversement nos sens. L'esprit humain, qui n'est ni éternel ni infini, est incapable de les embrasser tous; par suite il devrait se résigner à contempler, sans le comprendre, le fragment de la réalité extérieure qu'il peut aborder par les sens, si cette multiplicité et cette diversité indéfinies des phénomènes naturels ne se laissait en quelque manière réduire à l'unité. En effet, si multiples et si divers qu'ils soient, ces phénomènes se reproduisent, se suivent et s'accompagnent suivant des rapports fixes, et se réduisent ainsi à des types permanents. Par exemple je n'ai pas observé, et je ne saurais le faire, tous les individus desquels je puis dire qu'ils sont des hommes; qu'importe, si les générations humaines répètent, en se suivant, certains caractères déterminés, si aux représentations individuelles, manifestement impossibles de tous les hommes passés, présents et futurs, je puis substituer une idée où soient condensés les caractères communs à tous les hommes? Un grain de blé mis en terre germe, pousse, fleurit et fructifie; c'est là un phénomène complexe qui s'accomplit en quelques mois; je ne puis évidemment assister à tous les phénomènes semblables qui se sont passés, qui se passent et se passeront. Qu'importe encore, si cette succession de faits s'accomplit suivant des rapports fixes, dont je puisse dégager la formule des événements multiples et variés à la manifestation desquels ils président?

Les lois de la nature. — C'est cette réduction que poursuit la science en recherchant les **lois** des phénomènes. Nous l'avons déjà vu, loi est synonyme de *rapport constant et général*. Dans la nature, les termes qui unissent ces rapports sont des phénomènes et des groupes de phénomènes simultanés et successifs. C'est une loi, par exemple, que tout vertébré est mammifère, oiseau, reptile, batracien ou poisson. Cela signifie que dans tout animal où nous rencontrerons les caractères du vertébré, nous trouverons aussi les caractères du mammifère, ou ceux de l'oiseau, ou ceux du reptile, ou ceux du batracien, ou ceux du poisson. C'est une loi que la chaleur dilate les métaux ; cela signifie que dans tous les cas où la température d'un morceau de métal s'élèvera, son volume s'accroîtra ; les deux phénomènes élévation de température, accroissement de volume, sont liés l'un à l'autre d'une manière générale et constante. Les lois sont donc des *types de coexistence*, lorsque les phénomènes qu'elles unissent sont simultanés, comme sont les caractères du vertébré et du mammifère dans certains individus, et des *types de succession*, lorsque les phénomènes qu'elles relient sont successifs, comme sont l'élévation de température et l'accroissement de volume d'un morceau de métal.

Avant de nous engager plus avant dans la théorie des sciences de la nature, il convient d'analyser complètement la notion de loi naturelle. — Toute loi se formule en une proposition générale : Tout corps plongé dans un fluide éprouve de bas en haut une poussée égale au poids du volume du fluide déplacé. Cette formule énonce tous les cas passés, présents et futurs du même phénomène; elle est donc le résumé du passé, et l'anticipation de l'avenir.

La formule de toute loi comprend deux termes : Tout vertébré, — premier terme, — *est* mammifère, oiseau, reptile, batracien ou poisson, — deuxième terme; toute élévation de la température d'un métal, — premier terme, *est* suivie d'un accroissement de volume, — deuxième terme. Chacun de ces termes est l'expression d'un phénomène ou d'un groupe de phénomènes. Ils ont entre eux un rapport dont il importe de définir nettement le caractère.

Les phénomènes de la nature ne se produisent pas à l'aventure; ils ont des *causes*. Ces causes ne sont pas, comme l'a cru longtemps l'esprit humain abusé par une fausse métaphysique, des puissances mystérieuses, inaccessibles, insaisissables, reléguées, hors de la prise des sens, au delà des phénomènes. Ce sont des phénomènes. La science de la nature n'a été véritablement constituée que le jour où Galilée et Descartes, proscrivant la recherche stérile des forces et puissances occultes, dont l'imagination des docteurs du moyen âge avait doublé la réalité, proclamèrent cette vérité que les phénomènes sont déterminés par d'autres phénomènes. Le mot cause n'a donc, dans la théorie des sciences de la nature, aucun sens métaphysique et obscur; il signifie simplement l'*ensemble des conditions phénoménales qui déterminent un phénomène.*

Les deux termes de toute loi naturelle sont unis entre eux par un rapport de cause à effet, cause étant entendue au sens qui vient d'être exposé. Ainsi l'élévation de température est cause de l'accroissement de volume d'un métal, parce que le second de ces phénomènes a pour condition déterminante le premier. De même, quand on dit : La gravitation est la cause de la chute des corps à la surface de la terre, et des mouvements des planètes autour du soleil, par gravitation il ne faudrait pas entendre quelque puissance cachée, du genre de celles que la science déclare inaccessibles ; cette formule signifie simplement que dans notre système planétaire, lorsque deux corps sont en présence, ils s'attirent en raison directe des masses et en raison inverse du carré des distances ; le Soleil et la Terre s'attirent suivant cette loi, de même la Terre et la Lune ; de même encore la Terre et tous les corps qui reposent à sa surface ; il y a là un rapport constant entre deux faits ; la présence mutuelle de deux corps, et le mouvement de l'un vers l'autre en raison directe des masses et en raison inverse du carré des distances. Toute loi de la nature énonce donc un rapport général et constant de simultanéité ou de succession entre un phénomène ou un groupe de phénomènes *déterminant*, et un phénomène ou un groupe de phénomènes *déterminé*. Pour éviter toute ambiguïté, nous adopterons ces expressions de préférence aux termes plus usités, mais moins précis, de cause et d'effet.

Problème général des sciences de la nature. — Par suite, le problème général des sciences de la nature se pose ainsi : *Étant donné un phénomène, découvrir le phénomène ou le groupe de phénomènes qui le détermine et l'explique.* Résoudre ce problème pour chaque phénomène est une question de fait ; mais cette question une fois résolue, une autre se pose : mesurer le rapport qui lie le phénomène déterminé au phénomène déterminant. Cette mesure parfait la découverte scientifique. Tant qu'elle n'a pas été obtenue, lorsque l'esprit a seulement découvert le déterminant d'un phénomène, l'explication est incomplète. C'est quelque chose de savoir que dans un métal l'augmentation de température détermine une augmentation de volume ; mais c'est plus de savoir de combien se dilate en longueur chaque métal pour une élévation de température d'un degré ; c'est plus encore de parvenir à éliminer ce que cette mesure a de particulier pour chaque métal, et d'être arrivé, comme on l'a fait en physique, à cette formule générale $l' = l(1 + kt)$ qui énonce le rapport numérique par lequel, dans tous les métaux, la dilatation linéaire est liée à l'augmentation de température. Parfois la découverte du déterminant et la mesure de son rapport avec le phénomène déterminé sont simultanées ; ainsi Newton découvrit tout ensemble que tous les corps s'attirent, et qu'ils s'attirent en raison directe des masses et en raison inverse du carré des distances ; parfois ces deux découvertes sont successives ; ainsi l'on savait qu'il y a une corrélation entre le mouvement et la chaleur, avant que Joule et Meyer l'eussent mesurée, et constaté qu'une calorie ou unité de chaleur est équivalente à 435 kilogrammètres ou unités de travail mécanique ; d'autres fois l'esprit humain saisit la liaison des faits sans parvenir à la mesurer. Ainsi Claude Bernard a découvert que le contact de l'oxyde de carbone paralyse les globules sanguins ; mais cette loi n'a pu être encore formulée mathématiquement, et ne le sera probablement pas de longtemps.

Le progrès et l'idéal des sciences de la nature. — Chaque phénomène distinct a une loi spéciale ; mais ces lois ne sont pas étrangères les unes aux autres ; l'esprit découvre entre elles des rapports de ressemblance et s'applique à les faire rentrer dans des formules de plus en plus compréhensives et de plus en plus générales. Un exemple célèbre et frappant de cette réduction des lois à des lois plus étendues est la découverte de la loi de la gravitation universelle par Newton. Avant lui Galilée et Képler avaient trouvé les lois de la chute des corps à la surface de la Terre et celles des révolutions des planètes autour du Soleil ; c'était là, pouvait-il sembler, lois distinctes et irréductibles l'une à l'autre. Newton fit voir qu'elles étaient l'une et l'autre des cas particuliers de la loi de la gravitation universelle. Le progrès de la science consiste à ramener ainsi les lois des phénomènes à des formules de plus en plus générales; l'idéal serait de découvrir une formule unique, de laquelle dériveraient les lois de tous les phénomènes naturels sans exception. Cet idéal, Descartes crut l'avoir atteint au dix-septième siècle, en proclamant, sur la foi de l'évidence, que l'essence de la matière était l'étendue géométrique, et que tous les phénomènes de la nature étaient des variations d'un même phénomène, le mouvement. Dès lors la physique devenait géométrie et mécanique; elle procédait de la même façon que les sciences mathématiques, et de quelques vérités évidentes posées par l'esprit, elle prétendait déduire, comme une série de théorèmes, l'explication de l'univers entier. L'expérience a montré l'erreur de cette vaste conception; l'explication de l'univers n'est pas affaire de raisonnement pur; la liaison des faits doit être révélée par les faits eux-mêmes; mais Descartes n'en a pas moins la gloire d'avoir fixé aux sciences de la nature l'idéal qu'elles doivent poursuivre, et déjà la science contemporaine, par des procédés inconnus de Descartes, et par des voies qu'il ignorait, arrive à des conclusions assez voisines des siennes. Pour elle, en effet, les phénomènes les plus divers de la nature ont des lois communes, et sous la variété des effets elle retrouve une constante unité de composition; tous les phénomènes physiques, chaleur, lumière, électricité, sont corrélatifs les uns des autres; ils ont entre eux des équivalences mécaniques en partie déjà déterminées; la chimie n'est qu'une province de la mécanique; les phénomènes vitaux eux-mêmes, dont la spontanéité apparente avait paru longtemps le résultat de forces distinctes des forces physiques, rentrent peu à peu dans la règle commune, et, à mesure qu'ils sont mieux connus, n'apparaissent plus que comme des phénomènes physiques et chimiques, plus complexes que les autres, mais, au fond, de même nature. « La loi universelle, a dit Tyndall, est la généralisation inattendue de l'aphorisme de Salomon, qu'il n'y a rien de nouveau sous le Soleil, en ce sens qu'elle nous apprend à retrouver partout la même puissance primitive dans l'infinie variété de ses manifestations. L'énergie de la nature est une quantité constante.... La loi de conservation exclut rigousement la création et l'annihilation. Les vagues peuvent se changer en rides et les rides en vagues; la grandeur peut être substituée au nombre, et le nombre à la grandeur; des astéroïdes peuvent s'agglomérer en soleils; les soleils peuvent se résoudre en faunes et en flores; les flores et les faunes peuvent se dissiper en gaz; la puissance en circulation est éternellement la même; elle roule en flots d'harmonie à travers les âges, et toutes les énergies de la Terre, toutes les manifestations de la vie, aussi bien que le déploiement des phénomènes, ne sont que des modulations ou des variations d'une même mélodie céleste. »

CHAPITRE VII

ES PROCÉDÉS DES SCIENCES DE LA NATURE. — L'OBSERVATION ET L'EXPÉRIMENTATION.

Puisque toute loi est un rapport entre deux phénomènes ou deux groupes de phénomènes dont l'un détermine l'autre, découvrir une loi, c'est découvrir le phénomène ou le groupe de phénomènes qui détermine le phénomène ou le groupe de phénomènes à expliquer, et mesurer, s'il se peut, le rapport qui les unit l'un à l'autre.

Cette découverte n'est pas affaire de pensée pure. Si l'entendement intervient pour étendre à tout l'espace et au temps tout entier les rapports constatés dans certains points seulement de l'espace et à certains instants du temps, cette constatation, sans laquelle il n'y aurait pas de science véritable de la nature, est l'œuvre de l'**expérience**. La science de la nature ne se constitue pas à priori, comme l'avait rêvé Descartes; les lois sont réalisées dans les faits; c'est là, et là seulement qu'il faut les chercher; c'est des faits qu'il faut les dégager à l'aide de l'**observation** et de l'**expérimentation**.

Observer et **expérimenter** sont deux procédés d'expérience. Mais tandis que l'observateur se borne à appliquer son attention aux faits tels que la nature les présente, l'expérimentateur modifie ces faits, en varie les circonstances, en change les conditions, pour en découvrir ce qui ne se montrait pas à la simple inspection. On l'a dit; l'observateur lit, l'expérimentateur interroge. Ainsi constater que certaines espèces animales dont le pelage est roux sous les climats tempérés ont un pelage blanc sous les climats du nord, c'est une observation; mais placer certains individus de ces espèces, nés sous un ciel tempéré, dans des conditions qui modifieront la couleur de leur pelage, c'est déjà une expérimentation. Constater que dans l'hémiplégie la congestion de l'hémisphère cérébral gauche entraîne la paralysie de la jambe et du bras droits, c'est une observation; mais introduire dans le sang d'un animal une certaine dose de curare, constater qu'à la suite de cette injection les nerfs du mouvement sont paralysés et que les nerfs sensitifs conservent leurs fonctions, et que, dans ce cas, la paralysie du mouvement commence lorsque la substance toxique a touché les centres nerveux, c'est là de l'expérimentation.

Toutefois la distinction entre ces deux procédés n'est pas radicale et absolue. Claude Bernard l'a dit en excellents termes : « Au premier abord, et quand on considère la chose d'une manière générale, cette distinction entre l'activité de l'expérimentateur et la passivité de l'observateur paraît claire et semble devoir être facile à établir. Mais dès qu'on descend dans la pratique expérimentale, on trouve que, dans beaucoup de cas, cette séparation est très difficile à faire, et que parfois même elle entraîne de l'obscurité. Cela résulte, ce me semble, de ce qu'on a confondu l'art de l'investigation, qui recherche et constate les faits, avec l'art du raisonnement, qui les met en œuvre logiquement pour la recherche de la vérité. Or, dans l'investigation il peut y avoir à la fois activité de l'esprit et des sens, soit pour faire des observations, soit pour faire des expériences.

« En effet, si l'on voulait admettre que l'*observation* est caractérisée par cela seul que le savant constate des phénomènes que la nature a produits spontanément et sans son intervention, on ne pourrait cependant pas trouver que l'esprit comme la main reste toujours inactif dans l'observation et l'on serait amené à distinguer sous ce rapport deux sortes d'observations : les unes *passives*, les autres *actives*. Je suppose, par exemple, ce qui est souvent arrivé, qu'une maladie endémique quelconque survienne dans un pays et s'offre à l'observation d'un médecin. C'est là une observation spontanée ou *passive* que le médecin fait par hasard et sans y être conduit par aucune idée préconçue. Mais si, après avoir observé les premiers cas, il vient à l'idée de ce médecin que la production de cette maladie pourrait bien être en rapport avec certaines circonstances météorologiques ou hygiéniques spéciales, alors le médecin va en voyage et se transporte dans d'autres pays où règne la même maladie pour voir si elle s'y développe dans les mêmes conditions. Cette seconde observation, faite en vue d'une idée préconçue sur la nature et la cause de la maladie, est ce qu'il faudrait évidemment appeler une observation provoquée ou *active*. J'en dirai autant d'un astronome qui, regardant le ciel, découvre une planète qui passe par hasard devant sa lunette; il a fait une observation fortuite et *passive*, c'est-à-dire sans idée préconçue. Mais si, après avoir constaté les perturbations d'une planète, l'astronome en est venu à faire des observations pour en rechercher la raison, je dirai qu'alors l'astronome fait des observations *actives*, c'est-à-dire des observations provoquées par une idée préconçue sur la cause de la perturbation. On pourrait multiplier à l'infini les citations de ce genre pour prouver que dans la constatation des phénomènes naturels qui s'offrent à nous, l'esprit est tantôt passif, ce qui signifie, en d'autres termes, que l'observation se fait tantôt sans idée préconçue et par hasard, et tantôt avec idée préconçue, c'est-à-dire avec intention de vérifier l'exactitude d'une vue de l'esprit.

« D'un autre côté, si l'on admettait comme il a été dit

plus haut, que l'*expérience* est caractérisée par cela seul que le savant constate des phénomènes qu'il a provoqués artificiellement et qui naturellement ne se présentaient pas à lui, on ne saurait trouver non plus que la main de l'expérimentateur doive toujours intervenir activement pour opérer l'apparition de ces phénomènes. On a vu, en effet, dans certains cas, des accidents où la nature agissait pour lui, et là encore nous serions obligés de distinguer, au point de vue de l'intervention manuelle, des expériences *actives* et des expériences *passives*. Je suppose qu'un physiologiste veuille étudier la digestion et savoir ce qui se passe dans l'estomac d'un animal vivant, il divisera les parois du ventre et de l'estomac d'après des règles opératoires connues, et il établira ce qu'on appelle une fistule gastrique. Le physiologiste croira certainement avoir fait une expérience parce qu'il est intervenu activement pour faire apparaître des phénomènes qui ne s'offraient pas naturellement à ses yeux. Mais maintenant je demanderai : le docteur W. Beaumont fit-il une expérience quand il rencontra ce jeune chasseur canadien qui, après avoir reçu à bout portant un coup de fusil dans l'hypocondre gauche, conserva à la chute de l'eschare une large fistule de l'estomac par laquelle on pouvait voir dans l'intérieur de cet organe? Pendant plusieurs années, le docteur Beaumont, qui avait pris cet homme à son service, put étudier *de visu* les phénomènes de la digestion gastrique, ainsi qu'il nous l'a fait connaître dans l'intéressant journal qu'il nous a donné à ce sujet. Dans le premier cas, le physiologiste a agi en vertu de l'idée préconçue d'étudier les phénomènes digestifs et il a fait une expérience *active*. Dans le second cas, un accident a opéré la fistule à l'estomac, et elle s'est présentée fortuitement au docteur Beaumont qui, dans notre définition, aurait fait une expérience *passive*, s'il est permis d'ainsi parler. Ces exemples prouvent donc que, dans la constatation des phénomènes qualifiée d'expérience, l'activité manuelle de l'expérimentateur n'intervient pas toujours; puisqu'il arrive que ces phénomènes peuvent, ainsi que nous le voyons, se présenter comme des *observations passives* ou fortuites[1]. »

En définitive, l'expérimentation est un auxiliaire de l'observation. Les phénomènes de la nature forment des séries complexes, enchevêtrées les unes dans les autres, et comme superposées les unes aux autres. Le plus souvent les déterminants sont profondément cachés au milieu d'autres phénomènes; la simple inspection ne les découvre pas; alors l'esprit intervient; au lieu de se borner à considérer simplement les phénomènes produits spontanément par la nature, il provoque de nouveaux phénomènes, de nouvelles liaisons de phénomènes, et par là il donne à l'observation une nouvelle carrière. L'observation proprement dite est la constatation du fait produit spontanément par la nature; l'expérimentation est une observation provoquée dans des conditions réalisées par le savant. Nous verrons plus tard quel guide suit l'esprit humain, et à quelle inspiration il obéit, en provoquant ces observations.

L'observation et l'expérimentation se retrouvent dans toutes les sciences de la nature aux divers stades de l'opération scientifique.

L'opération préparatoire de toute découverte expérimentale est la détermination aussi nette que possible du phénomène à expliquer. Les faits de la nature ont mille tenants et mille aboutissants, mille rapports accidentels d'où il importe de les dégager, pour que la recherche de leurs déterminants ne s'égare pas, et que l'explication ne

---

1. *Introduction à l'étude de la médecine expérimentale*, p. 14, sqq.

porte pas à faux. Le plus souvent la nature offre d'elle-même à l'observation les phénomènes à expliquer; l'attention suffit alors à les bien discerner d'avec les autres. Mais parfois nous n'en avons qu'une vue incomplète et trop rapide. Sans parler de ces phénomènes qu'une petitesse excessive ou un extrême éloignement auraient toujours dérobés à nos sens, sans le secours d'instruments tels que la loupe, le microscope, le télescope, il en est qui, bien que visibles, ne se laissent pas facilement observer et déterminer. Tels sont les phénomènes électriques : on ne peut fixer l'éclair qui jaillit de la nue. Aussi, avant de songer à expliquer les phénomènes électriques, a-t-il fallu les produire artificiellement dans des conditions où ils fussent observables. Dans ce cas, l'expérimentation intervient déjà, pour préparer le terrain de la recherche scientifique.

Nous la retrouvons mêlée à l'observation, lorsque cette recherche commence. Le but de toute recherche scientifique est la découverte d'une loi; pour découvrir la loi, il faut d'abord découvrir le déterminant du phénomène à expliquer. L'observation pure et simple y suffit quelquefois. Ainsi, pour prendre en exemple quelques-unes des plus grandes découvertes de la science moderne, c'est à l'observation des mouvements d'une lampe que surgit dans la tête de Galilée la loi des oscillations du pendule: c'est, dit-on, la vue de la chute d'une pomme, qui suggéra à Newton, sans aucune expérimentation, l'idée de la gravitation universelle. Mais le plus souvent l'observation est préparée et provoquée par l'expérimentation, et cela dans tous les ordres des sciences de la nature.

L'astronomie est, ce semble, à cause de l'éloignement des objets qu'elle étudie, une science de pure observation. Mais n'est-ce pas déjà expérimenter que d'observer les astres à l'aide d'instruments qui en rapprochent l'image? N'est-ce pas expérimenter que d'aller chercher, dans les espaces célestes, où un immense éloignement nous les tenait cachés, des astres que sans le télescope nous n'aurions jamais vus? N'est-ce pas encore expérimenter, quoiqu'à un faible degré, que de fixer par la photographie l'image rapide et fuyante de certains phénomènes astronomiques? N'est-ce pas encore expérimenter que de décomposer par le spectroscope la lumière sidérale, et d'apprendre ainsi la constitution chimique de corps soustraits à nos autres moyens d'analyse? A vrai dire, dans les expériences astronomiques, nous ne modifions pas les phénomènes en eux-mêmes, mais nous les faisons arriver modifiés à nos yeux, en les forçant à traverser nos instruments.

Dans la physique proprement dite et dans la chimie, il est peu de découvertes qui aient été les fruits de la seule observation passive des faits et n'aient requis l'intervention active de l'expérimentation. Torricelli expérimentait, lorsqu'il faisait l'expérience qui porte son nom; Pascal expérimentait, lorsqu'il répétait la même expérience à Rouen, au sommet de la tour Saint-Jacques, sur le Puy de Dôme, avec de l'alcool, avec du mercure, avec du vin, avec de l'eau. De même toutes les réactions et décompositions, toutes les analyses et toutes les synthèses qui s'accomplissent dans les cornues, dans les creusets du chimiste, sont des expérimentations aboutissant à des observations.

Il n'en est pas autrement dans les sciences de la vie. Longtemps on a cru que la spontanéité dont ils jouissent rendait les phénomènes vitaux rebelles à l'expérimentation. Cette vue inexacte est aujourd'hui rectifiée. Magendie, Claude Bernard ont prouvé par de mémorables travaux la possibilité d'introduire l'expérimentation dans les sciences de la vie : « La science des phénomènes de la vie, a dit Claude Bernard, ne peut pas avoir d'autres bases que la science des phénomènes des corps bruts, et il n'y a, sous ce rapport, aucune différence entre les principes des sciences biologiques et ceux des sciences physico-chimiques... Le but que se propose la méthode expérimentale est le même partout; il consiste à rattacher par l'expérience les phénomènes naturels à leurs conditions d'existence et à leurs causes prochaines. En biologie, ces conditions étant connues, le physiologiste pourra diriger la manifestation des phénomènes de la vie comme le physicien et le chimiste dirigent les phénomènes naturels dont ils ont découvert les lois; mais pour cela l'expérimentateur n'agira pas sur la vie. Seulement, il y a un déterminisme absolu dans toutes les sciences, parce que chaque phénomène étant enchaîné d'une manière nécessaire à des conditions physico-chimiques, le savant peut les modifier pour maîtriser le phénomène, c'est-à-dire pour empêcher ou favoriser sa manifestation... La science expérimentale appliquée aux corps vivants doit avoir également pour résultat de modifier les phénomènes de la vie en agissant uniquement sur les conditions de ces phénomènes. Mais ici les difficultés se multiplient à raison de la délicatesse des conditions des phénomènes vitaux, de la complexité et de la solidarité de toutes les parties qui se groupent pour constituer un être organisé... Néanmoins les entraves qui arrêtent la puissance du physiologiste ne résident point dans la nature même des phénomènes de la vie, mais seulement dans leur complexité[1]. »

La liaison entre le phénomène déterminant et le phénomène déterminé une fois constatée, la découverte scientifique n'est pas achevée; pour la parfaire, il faut, s'il se peut, mesurer le rapport des deux phénomènes. Il peut sembler que cette mesure soit toujours affaire d'observation. Mesurer,

---

1. *Introduct. à l'étude de la méd. expériment.*, p. 103 et 148.

n'est-ce pas, en effet, rapporter une quantité donnée à une quantité fixe prise comme unité, et n'avons-nous pas les appareils de mesure les plus variés, adaptés aux divers phénomènes? Rien de plus vrai; mais il est aussi des cas, plus nombreux qu'on ne le croirait au premier abord, où les phénomènes, tels qu'ils apparaissent spontanément, sont réfractaires à la mesure et ne s'y soumettent qu'après avoir été placés par l'expérimentation dans des conditions spéciales. On se sert aujourd'hui fréquemment, dans la science de la nature, d'appareils enregistreurs qui traduisent en signes graphiques les variations des phénomènes; cette traduction est œuvre d'expérimentation et non de simple observation. Dans d'autres cas, l'expérimentation intervient d'une façon plus apparente encore dans la mesure des phénomènes; ainsi l'on ne mesure pas directement la pression atmosphérique; on la mesure indirectement par la hauteur de la colonne barométrique à laquelle elle fait équilibre, et pour cela il a fallu inventer un appareil. De même encore, pour arriver à déterminer mathématiquement l'équivalent mécanique de la chaleur, Joule a dû inventer des appareils spéciaux.

Ainsi, qu'il s'agisse de dégager nettement du milieu où il peut se confondre avec d'autres, le phénomène à expliquer, qu'il s'agisse d'en découvrir le déterminant, qu'il s'agisse de mesurer le rapport du phénomène déterminé au phénomène déterminant, l'observation et l'expérimentation interviennent, en des proportions variées, dans tous les ordres des sciences de la nature.

CHAPITRE VIII

LES MÉTHODES EXPÉRIMENTALES.

Dans toute recherche expérimentale le savant se propose, comme nous l'avons vu, de découvrir le fait ou le groupe de faits auquel un fait ou un groupe de faits est uni d'une manière inséparable. La nature nous offre mille successions diverses et mille assemblages différents des phénomènes ; mais toutes ces liaisons ne sont pas des lois, car elles ne sont pas toutes invariables et constantes. Il s'agit de savoir à quels signes et par quels procédés le savant peut discerner les lois véritables des rapports fortuits et passagers. — La réponse à cette question peut, ce semble, paraître des plus simples. Puisqu'une loi est un rapport constant et invariable, la loi se reconnaîtra à la constance et à l'uniformité de ses effets. — Mais cette constance et cette uniformité, comment en juger ? Notre expérience, comme celle des autres hommes, est limitée dans l'espace et dans le temps ; nous n'avons pas vu, nous ne pouvons voir tous les cas possibles d'un même phénomène ; le nombre de ceux que nous avons vus, et que nous pouvons voir, qu'est-il auprès du nombre de tous ceux qui ont été, qui sont, et qui seront, dans l'espace et dans le temps infinis ? La science serait donc une décevante chimère si nous n'avions d'autres moyens de discerner les liaisons invariables de celles qui ne le sont pas.

Le philosophe anglais Bacon est le premier qui ait donné du problème général de la méthode expérimentale une solution pratique. Pour expliquer les faits, il faut, d'après lui, noter d'une part toutes les circonstances dans lesquelles ils se produisent, — *tables de présence;* — d'autre part toutes les circonstances dans lesquelles ils ne se produisent pas, — *tables d'absence ;* — enfin toutes les circonstances dans lesquelles ils varient, — *tables de degrés ou de variation.* — Un autre philosophe anglais, Stuart Mill, a repris, deux siècles après Bacon, la même question et en a donné une solution adaptée à l'état présent de la science expérimentale.

Les méthodes employées par les savants sont très complexes et très variées ; on peut dire même qu'elles varient à chaque découverte nouvelle. Mais, si diverses qu'elles soient, elles se réduisent à quatre types principaux appelés, par Stuart Mill, *méthode de concordance, méthode de différence, méthode des résidus,* et *méthode des variations concomitantes,* et que nous allons décrire sommairement d'après lui.

1° **Méthode de concordance.** — Soit un groupe de circonstances ABC et un autre groupe abc, qui paraissent déterminées par les premières. Il s'agit de savoir quel est dans le groupe ABC le déterminant de a. — Dans le groupe ABC je remplace BC par DE ; si, à la suite de ce changement, bc du groupe abc se trouve remplacé par de, a restant le même, je suis en droit de conclure que a n'est déterminé ni par B ni par C, puisque la disparition de BC n'a pas entraîné celle de a. Il y a concordance entre la présence de A et celle de a.

Exemple de cette méthode. — « Supposons que le phénomène dont on veut connaître la cause est la rosée. Il faut en premier lieu préciser ce qu'on entend par la rosée, la distinguer de la pluie, de l'humidité, des brouillards, et limiter l'application du terme à ce qu'on entend réellement, à savoir l'apparition spontanée d'une moiteur sur les substances exposées en plein air, en l'absence de pluie ou d'humidité *visible.* L'état de la question étant fixé, procédons à la solution. On a des phénomènes analogues dans la moiteur qui se répand sur une pierre ou sur un métal froid lorsqu'on souffle dessus ; dans celle qui, par un temps chaud, se produit sur une carafe d'eau sortant du puits ; celle qui couvre le côté intérieur des vitres, quand une pluie ou une grêle soudaine refroidit l'air extérieur ; celle qui suinte des murs, lorsque après une gelée prolongée survient une chaleur humide. En comparant ces cas, on trouve que tous offrent le même phénomène, objet de la recherche. Maintenant tous ces cas s'accordent en un point, la basse température de l'objet mouillé comparée à celle de l'air en contact avec lui. Mais reste le cas le plus important, celui de la rosée nocturne. La même circonstance existe-t-elle dans ce cas ? En fait, l'objet mouillé par la rosée est-il plus froid que l'air ? L'expérience est facile. On n'a qu'à mettre un thermomètre en contact avec le corps mouillé et en suspendre un autre à peu de distance au-dessus, hors de la portée de son influence. L'expérience a été faite, et la réponse à la question a été invariablement affirmative. Quand un objet se couvre de rosée, il est plus froid que l'air[1]. »

2° **Méthode de différence.** — La méthode de concordance montre bien qu'il y a une liaison entre tel phénomène et tel autre phénomène. Mais elle ne suffit pas toujours à faire voir lequel des deux est le déterminant de l'autre, et surtout elle n'établit pas que les deux ne sont pas les effets d'un troisième. Ainsi, dans le cas que nous venons de citer comme exemple de cette méthode, le dépôt de la rosée, et le fait que la température de la surface où elle se dépose est inférieure à celle de l'air ambiant, sont liés l'un à l'autre par un rapport constant ;

---

1. Stuart Mill, *Système de Logique*, liv. III, ch. VII.

mais est-ce la basse température qui provoque la rosée? est-ce le dépôt de la rosée qui abaisse la température? ou encore ces deux faits ne sont-ils pas la conséquence d'un déterminant demeuré inconnu? La méthode de concordance ne permet pas de répondre; c'est alors qu'intervient la *méthode de différence*. — Soit un groupe d'antécédents ABC, un groupe de conséquents abc; il s'agit de savoir si vraiment, dans le groupe ABC, A est le déterminant inconditionnel de petit a dans le groupe abc. Je supprime A et laisse subsister BC; si, dans le groupe abc, a disparaît, bc subsistant, j'en conclus que A est le déterminant véritable de a.

Exemple de cette méthode. — C'est par la méthode de différence que Brown-Séquard a établi la vérité physiologique de cette proposition que les muscles paralysés ont une irritabilité plus grande que les muscles sains. Il la vérifia de plusieurs manières, dont la plus décisive « fut de comparer la durée de l'irritabilité dans un muscle paralysé et dans le muscle sain correspondant du côté opposé, soumis l'un et l'autre à la même excitation. Dans ces expériences, il constata que le muscle paralysé conservait son irritabilité deux fois, trois fois, et même quatre fois plus longtemps que le muscle sain ». C'est bien là un cas de la méthode de différence. Les deux membres étaient ceux du même animal; ils ne différaient que par une circonstance, l'état de santé de l'un et la paralysie de l'autre; c'est donc uniquement à cette circonstance que devait être attribuée la différence dans l'irritabilité musculaire de l'un et de l'autre

3° **Méthode des résidus.** — Le principe de cette méthode est très simple. Si l'on retranche d'un phénomène donné toutes les circonstances qui, en vertu d'expériences antérieures, peuvent être attribuées à des causes connues, ce qui reste sera certainement l'effet des circonstances qu'on n'a pas supprimées. — Soit, comme précédemment, les antécédents ABC, et les conséquents abc. Je suppose que par les méthodes de concordance et de différence, j'aie appris que a est déterminé par A, et b par B ; retranchant du phénomène total abc, a et b dont les causes sont A et B, il reste c « qui, maintenant, sans autre expérience, est reconnu un effet de C ». En un mot, si d'un phénomène on retranche la partie qu'on sait, par des expériences antérieures, être l'effet de certains antécédents, le résidu du phénomène est l'effet des antécédents restants.

Exemple de cette méthode. — « Presque toutes les grandes découvertes en astronomie, a dit Herschell, ont été le fruit de l'examen des phénomènes-résidus quantitatifs ou numériques... C'est ainsi que l'unique découverte de la précession des équinoxes résulte, à titre de résidu, de l'explication incomplète du retour des saisons par le retour du soleil aux mêmes lieux apparents par rapport aux étoiles fixes. De même l'aberration et la nutation furent des résidus fournis par ce qui, dans les changements de position apparente des étoiles fixes, restait inexplicable par la précession. Et de même encore les mouvements propres apparents des étoiles sont les résidus observés de leurs mouvements apparents non expliqués par le calcul rigoureux des effets de la précession, de la nutation et de l'aberration[1]. »

4° Méthode des variations concomitantes. — Les méthodes précédemment exposées supposent que nous pouvons à notre gré produire ou supprimer certaines circonstances dans un phénomène donné. Mais il est dans la nature des causes permanentes dont l'influence ne peut être éliminée. Ainsi nous ne pouvons pas éloigner le pendule de la Terre ni la Terre du pendule, pour voir s'il con-

---

1. *Esquisse d'astronomie*, p. 584, cit. par Stuart Mill.

tinuerait d'osciller dans le cas où l'action que la Terre exerce sur lui serait supprimée. Sur quelle preuve alors attribuer ces oscillations à l'influence de la Terre? Ce n'est pas sur une preuve tirée de la méthode de différence, pour la raison que nous venons d'énoncer; nous ne pouvons pas supprimer l'action de la Terre sur le pendule; ce n'est pas non plus par la méthode de concordance; en effet, si tous les pendules concordent en ce que, pendant leurs oscillations, la Terre est toujours là, ne pourrait-on pas aussi bien attribuer le phénomène au Soleil, dont la présence est aussi un fait coexistant à toutes les oscillations du pendule? Il faut donc dans ce cas, et dans tous les cas semblables, une nouvelle méthode ; ce sera la *méthode des variations concomitantes*. Quand il nous est impossible de faire disparaître entièrement un déterminant, nous pouvons être à même, ou la nature pour nous, de le modifier. « Si une certaine modification dans l'antécédent A est toujours suivie d'un changement dans le conséquent *a*, les autres conséquents *b* et *c* demeurant les mêmes, ou, *vice versa*, si chaque changement dans *a* est précédé de quelques modifications de A, sans qu'on en observe aucun dans les autres antécédents, on peut en toute sûreté conclure que *a* est, en tout ou partie, un effet de A, ou du moins est lié de quelque manière à A causalement. »

Exemple de cette méthode. — Soit à déterminer l'influence exercée par la Lune sur la surface de la Terre. On ne peut éliminer la Lune pour voir, par la méthode de différence, quels phénomènes terrestres cette absence ferait disparaître. Mais quand on voit que toutes les variations dans la *position* de la Lune sont suivies de variations correspondantes de lieu et de temps dans la marée haute, on a la preuve que la Lune est, en totalité ou en partie, la cause des marées.

CHAPITRE IX

LA DÉCOUVERTE EXPÉRIMENTALE. — LES QUALITÉS DU SAVANT.

Nous avons décrit les méthodes expérimentales; il nous faut maintenant les voir à l'œuvre, et démêler, si faire se peut, les divers facteurs et les moments successifs de la découverte dont elles sont les instruments.

Le point de départ est toujours un fait à expliquer, qu'il s'offre spontanément, qu'il se présente par hasard, qu'il apparaisse à la suite d'une tentative expérimentale ou comme conséquence d'une théorie admise. L'expliquer, nous le répétons encore, ce sera en découvrir les conditions déterminantes.

Ces conditions, l'observation pure et simple nous les révèle parfois; alors la découverte se borne à la constatation d'une liaison de faits qui s'offre d'elle-même à la vue; mais le plus souvent les conditions déterminantes des phénomènes nous demeurent cachées; il faut les forcer à se montrer et pour cela recourir aux artifices de l'expérimentation.

Suffit-il alors de connaître le jeu des méthodes expérimentales que nous avons décrites? En aucune façon. Les méthodes expérimentales s'appliquent à quelque chose; elles opèrent sur des déterminants **supposés**, et leur fonction est précisément de faire voir que les déterminants *supposés* sont les déterminants *réels*.

En présence des secrets de la nature, l'esprit humain ne demeure pas inerte et passif; en vertu d'une tendance invincible, il imagine des causes aux phénomènes dont les causes ne lui apparaissent pas spontanément; cette tendance crée les mythologies populaires; elle crée aussi la science; seulement, alors que le peuple accepte, sans les soumettre au contrôle des faits, les explications qu'il imagine, le savant transforme ses *hypothèses* en *interprétations*, en explications véritables, et pour cela il les vérifie à l'aide des méthodes expérimentales.

« Une idée anticipée ou une hypothèse est le point de départ nécessaire de tout raisonnement expérimental. Sans cela on ne saurait faire aucune investigation ni s'instruire; on ne pourrait qu'entasser des observations stériles. Si l'on expérimentait sans idée préconçue, on irait à l'aventure...

« Les idées expérimentales ne sont point innées. Elles ne surgissent point spontanément, il leur faut une occasion et un excitant extérieur.

Pour avoir une première idée des choses, il faut voir ces choses; pour avoir une idée sur un phénomène de la nature, il faut d'abord l'observer. L'esprit de l'homme ne peut concevoir un effet sans cause, de telle sorte que la vue d'un phénomène éveille toujours en lui une idée de causalité. Toute la connaissance humaine se borne à remonter des effets observés à leur cause. A la suite d'une observation, une idée relative à la cause du phénomène observé se présente à l'esprit; puis on introduit cette idée anticipée dans un raisonnement en vertu duquel on fait des expériences pour la contrôler[1]. »

L'invention des idées, voilà l'âme de la découverte scientifique; la logique ne l'enseigne pas; elle est le don du génie. « Il n'y a pas de règles à donner, continue Claude Bernard, pour faire naître dans le cerveau, à propos d'une observation donnée, une idée juste et féconde, qui soit pour l'expérimentateur une sorte d'antici-

---

1 Claude Bernard, *Introduct. à l'étude de la médecine expérimentale.*

pation intuitive de l'esprit vers une recherche heureuse. L'idée une fois émise, on peut seulement dire comment il faut la soumettre à des préceptes définis et à des règles logiques précises dont aucun expérimentateur ne saurait s'écarter; mais son apparition a été toute spontanée, car sa nature est tout individuelle. C'est un sentiment particulier, un *quid proprium* qui constitue l'originalité, l'invention et le génie de chacun. Une idée neuve apparaît comme une relation nouvelle ou inattendue que l'esprit aperçoit entre les choses. Toutes les intelligences se ressemblent sans doute, et des idées semblables peuvent naître chez tous les hommes, à l'occasion de certains rapports simples des objets que tout le monde peut saisir. Mais comme les sens, les intelligences n'ont pas toutes la même puissance, ni la même acuité, et il est des rapports subtils et délicats qui ne peuvent être sentis, saisis et dévoilés que par des esprits plus perspicaces, mieux doués et placés dans un milieu intellectuel qui les prédispose d'une manière favorable. »

La découverte est donc l'idée neuve qui surgit dans un esprit à propos d'un fait à expliquer. Cette idée est une explication anticipée, une *hypothèse;* elle est la supposition que tel fait donné est déterminé par tel autre fait. En cet état, elle n'a pas encore accès dans la science; il faut la soumettre au contrôle des faits pour la vérifier. Alors intervient le raisonnement pour instituer l'expérience à la suite de laquelle apparaîtra la vérité ou la fausseté de l'hypothèse.

Pour montrer nettement les différentes articulations de la découverte expérimentale, étudions un exemple de découverte emprunté aux travaux de Claude Bernard.

Un jour on apporta dans son laboratoire des lapins venant du marché. On les plaça sur une table où ils urinèrent. Cl. Bernard observa par hasard que leur urine était claire et acide ; ce fait le frappa, parce que les lapins ont ordinairement l'urine trouble et alcaline, en leur qualité d'herbivores, tandis que les carnivores ont au contraire les urines claires et acides. — Voilà le fait à expliquer ; il est fourni par une observation accidentelle. Cette observation d'acidité de l'urine chez les lapins fit venir à Claude Bernard la pensée que ces animaux devaient être dans la condition alimentaire des carnivores. Il *supposa* qu'ils n'avaient probablement pas mangé depuis longtemps et qu'ils se trouvaient ainsi transformés par l'abstinence en véritables animaux carnivores vivant de leur propre sang. — Voilà l'explication anticipée, l'*hypothèse*. — Il faut la vérifier. Alors intervient dans l'esprit de l'expérimentateur le raisonnement suivant, qui aboutit aux expériences propres à faire apparaître la vérité ou la fausseté de l'explication supposée : les urines des carnivores sont acides ; or, les lapins que voici ont des urines acides ; donc ils sont carnivores. Il s'agissait donc d'établir que les lapins en question étaient devenus carnivores. « Rien n'était plus facile, dit Claude Bernard. Je donnai à manger de l'herbe aux lapins, et, quelques heures après, leurs urines étaient devenues troubles et alcalines. On soumit ensuite les mêmes lapins à l'abstinence, et, après vingt-quatre et trente-six heures au plus, leurs urines étaient redevenues claires et fortement acides ; puis elles devenaient de nouveau alcalines en leur donnant de l'herbe, etc. Je répétai cette expérience si simple un grand nombre de fois sur les lapins et toujours avec le même résultat. Je la répétai ensuite chez le cheval, animal herbivore qui a également l'urine trouble et alcaline. Je trouvai que l'abstinence produit comme chez le lapin une prompte acidité de l'urine. J'arrivai ainsi, à la suite de mes expériences, à cette proposition générale qui alors n'était pas connue, à savoir *qu'à jeun tous les animaux se nourrissent de viande.* — Mais, pour prouver que mes lapins à jeun étaient bien des carnivores, il y avait une autre épreuve à faire. Il fallait réaliser expérimentalement un lapin carnivore, en le nourrissant avec de la viande, afin de voir si les urines seraient alors claires et acides comme pendant l'abstinence. C'est pourquoi je fis nourrir des lapins avec du bœuf bouilli. Ma prévision fut encore vérifiée, et pendant toute la durée de cette alimentation animale, les lapins gardèrent des urines claires et acides [1]. »

Ainsi, observation du fait à expliquer, conception de l'hypothèse sur les conditions déterminantes de ce fait, raisonnement qui partant de cette supposition aboutit à l'expérience propre à vérifier l'hypothèse, institution de cette expérience, observation de ses résultats, conclusion qu'ils provoquent, voilà les différents moments de la découverte expérimentale.

Les qualités du savant. — La science, et par ce mot nous entendons ici non pas la transmission des vérités acquises, mais la découverte de la vérité cachée, suppose le *génie* ou l'invention. Le génie, ce sens divinatoire de la vérité, est un don de nature; il n'a rien à voir avec la logique; mais s'il n'y a pas de préceptes pour faire surgir dans l'esprit les idées nouvelles, il en est pour en régler l'emploi.

Sans parler des qualités intellectuelles, pénétration, fécondité d'imagination, rigueur de raisonnement, et des qualités physiques, intégrité des sens, habileté expérimentale, le savant, digne de ce nom, doit posséder un certain nombre de qualités vraiment morales, sans lesquelles les plus beaux dons de l'esprit « non seulement ne sont rien, mais encore tournent en ruine à ceux qui en sont ornés ».

---

1. *Introduct. à l'étude de la méd. expériment.*, p. 267, sqq

La première est l'indépendance de la pensée. L'homme en général ne reçoit pas une éducation exclusivement scientifique ; il est élevé dans une religion ; il fait aussi souvent profession d'une philosophie. Or rien de plus distinct que le domaine de la science positive et celui des religions et des métaphysiques ; la première recherche les causes prochaines et secondes des phénomènes, c'est-à-dire les conditions phénoménales qui les déterminent ; les autres ont pour objet la cause première et les principes absolus des choses. Le savant doit par suite faire un départ rigoureux entre ses investigations scientifiques et ses croyances religieuses et métaphysiques. S'il cherche dans la science des raisons pour infirmer ou confirmer telle ou telle idée d'ordre suprasensible, son œil s'obscurcit ; il ne voit plus la nature à nu, ou il plie les faits au gré de ses désirs. La science est étrangère aux controverses religieuses et aux discussions métaphysiques. Un savant peut être un croyant, mais à la condition d'être, en tant que savant, indépendant de ses croyances, et de ne pas s'inquiéter de savoir si elles concordent ou non avec ses découvertes.

Cette indépendance, il doit l'avoir aussi à l'égard des idées scientifiques généralement répandues dans le milieu où il vit. L'esprit, dans les raisonnements souvent inconscients qui le conduisent aux expériences, procède déductivement. A quelles fausses démarches, à quelles tentatives infructueuses il s'expose, s'il prend pour point de départ des idées suggérées par des théories incertaines ! Comme nous le verrons plus loin, au faîte des sciences se placent un certain nombre de théories générales qui sont un excitant heureux de l'esprit d'investigation, mais qui seraient un guide faillible pour qui verrait en elles des principes d'une certitude absolue. On peut s'en inspirer, mais à la condition de ne pas s'y enchaîner, et de s'en dégager, aussitôt qu'apparaît en elles quelque fausseté.

Le savant doit être indépendant aussi vis-à-vis de ses propres idées, et quand il les soumet à la vérification, les regarder comme étrangères à lui et venues d'autre part; autrement, cédant à l'attrait bien naturel mais souvent trompeur de sa découverte, il s'expose à forcer l'interprétation des faits dans un sens inexact, mais favorable à ses idées. Ses hypothèses ne sont pas des solutions, mais des questions; tout le temps qu'il les soumet au contrôle de l'expérience, il lui faut douter de leur vérité, et ne les admettre définitivement qu'après avoir recueilli en leur faveur, des faits interrogés, des témoignages sans réplique. Cette impartialité envers ses propres idées est la vraie marque de la probité scientifique.

CHAPITRE X

DES CLASSIFICATIONS.

Le monde extérieur nous offre, nous l'avons vu, deux sortes d'objets à connaître: en premier lieu des êtres situés les uns en dehors des autres, dans l'espace; puis, dans chacun de ces êtres, des phénomènes ou des états distincts, qui se succèdent dans le temps. Tout ce que nous avons dit jusqu'ici des méthodes expérimentales s'appliquait surtout à la connaissance scientifique des phénomènes successifs; il nous faut rechercher maintenant comment, et par quels procédés nous pouvons parvenir à la connaissance scientifique des êtres qui existent simultanément dans les instants successifs de la durée.

D'une manière générale, cette connaissance doit consister dans la réduction du multiple à l'unité; les êtres coexistants sont en nombre indéfini; ils peuplent l'espace sans bornes; nous ne pouvons avoir de chacun d'eux une représentation individuelle, et d'ailleurs l'eussions-nous, les rapports mutuels de tous ces êtres nous demeureraient encore inconnus. Il faut donc ramener la multiplicité indéfinie des êtres à un nombre fini de types qui représentent ce que tous ces êtres ont de commun et les rapports généraux qui les unissent les uns aux autres. Cette réduction est l'œuvre de la **classification.**

Les classifications sont surtout en usage dans les sciences qui portent en France le nom de *sciences naturelles*. Cette expression semble s'appliquer à toute science dont l'objet est compris dans la nature; mais l'usage l'a restreinte à celles de ces sciences qui ont plus particulièrement pour objet les rapports des êtres coexistants, et non pas les rapports des états successifs de ces êtres. Pour plus de clarté, il conviendra donc de distinguer, par exemple, la biologie animale de la zoologie proprement dite; la biologie animale, ou science de la vie animale, étudiera les phénomènes que présentent les animaux, phénomènes de nutrition, phénomènes de reproduction, etc.; la zoologie aura pour objet la connaissance des types généraux de l'animalité, et des rapports qu'ils offrent entre eux; de même il y aura une biologie végétale, distincte de la botanique descriptive, telle que la traitaient les anciens botanistes, Linné, de Jussieu, qui bornaient cette science à la description des plantes et à leur distribution en différents groupes. Ces remarques faites, abordons l'étude de la classification scientifique.

Classer c'est distribuer ou répartir des individus en groupes distincts, d'après des caractères communs et des caractères différents. Cette répartition peut se faire ou bien d'après des marques superficielles et changeantes, ou bien d'après des caractères essentiels et permanents. Dans le premier cas, la classification sera dite *artificielle*. Ainsi je puis classer les hommes d'après la couleur variable des cheveux; je puis ranger les livres de ma bibliothèque d'après leur format ou leur reliure, toutes marques qui ne tiennent pas au fond même des objets distribués, et qui peuvent être modifiées, supprimées même, sans que ce fond soit altéré. Une telle distribution a surtout pour effet utile de venir en aide à la mémoire, et de faciliter les recherches au milieu de collections nombreuses d'objets variés; elle n'a guère de portée scientifique. Tout autre est la *classification* naturelle, la seule dont nous nous occuperons dans les pages qui vont suivre.

Les classifications naturelles. — En termes généraux, le but de toute classification naturelle est de trouver et d'exprimer l'ordre suivi par la nature au milieu des dissemblances presque infinies des êtres. Voyons tout d'abord comment la classification procède.

Elle part de l'observation des individus et procède par comparaison. Remarquant entre un certain nombre d'individus dissemblables des caractères communs, elle élimine les différences, conserve les ressemblances, et en constitue des types d'une étendue variable. Pour bien faire comprendre cette procédure, prenons un exemple; nous l'emprunterons au règne animal; mais tout ce que nous en dirons pourrait se répéter, *mutatis mutandis*, de toute autre collection d'objets reliés par des rapports naturels.

Voici un animal; il a un poil luisant, une allure fière, un œil ardent, des naseaux ouverts, une crinière abondante, à chaque mâchoire six incisives, six molaires à couronne carrée, un vide entre les incisives et les molaires; ses membres antérieurs sont accolés sans clavicule à l'omoplate ; au lieu de doigts distincts, il a des sabots au bout des pattes. — Voici un autre animal : il a un poil terne, une démarche affaissée, un œil sans feu, des narines flasques, une crinière maigre ; mais il a aussi à chaque mâchoire six incisives séparées par un vide de six molaires à couronne carrée, pas de clavicules, pas de doigts distincts. Malgré de notables différences, ces animaux se ressemblent, et je puis les réunir dans une même idée. Voilà une première démarche dans la réduction des individus différents à l'unité.

Les types distincts ainsi obtenus, par la réunion des éléments communs à des individus dissemblables, contiennent eux aussi des éléments communs.

Le lion et le tigre présentent de très notables différences ; mais ils ont l'un et l'autre des molaires lacérantes, une tête et un museau arrondis, une arcade zygomatique voûtée, des mâchoires courtes, une langue à papilles cornées, des narines percées de côté, des oreilles courtes, droites et triangulaires, cinq doigts aux membres antérieurs, quatre aux membres postérieurs, tous armés d'ongles rétractiles. Laissant de côté les différences, je réunis toutes ces propriétés communes, et j'en forme un type de second degré, qui se trouve impliqué non seulement dans le lion et le tigre, mais encore dans le jaguar, le léopard, la panthère et le chat. Je suis passé du premier au second étage de la classification ; j'y trouve un certain nombre d'autres types obtenus de la même façon, le chacal, le renard, l'ours, l'hyène, le raton, le blaireau, la loutre et le putois.

Si maintenant j'analyse chacun de ces types, j'y trouve, outre les différences qui les séparent, un certain nombre de ressemblances qui les unissent ; ils ont tous six incisives et deux canines à chaque mâchoire, huit molaires tranchantes et tuberculeuses à la mâchoire supérieure, six à la mâchoire inférieure; leurs maxillaires inférieurs sont incapables de se mouvoir horizontalement; des fosses temporales ne séparent pas leurs orbites; leur estomac est simple et membraneux; leur intestin court; leur cerveau n'a pas de troisième lobe et ne recouvre pas le cervelet. De ces caractères je forme un type de troisième degré où se trouve réuni ce qu'ont de commun un certain nombre de types de deuxième degré précédemment obtenus.

L'observation et la comparaison me font faire un nouveau pas en avant : dans les formes animales observées jusqu'ici je rencontre, outre les propriétés déjà énoncées, une mâchoire supérieure fixée au crâne, sept vertèbres cervicales, des côtes antérieures soudées à un sternum, des omoplates non articulées, une tête articulée sur la première vertèbre, un cerveau à deux hémisphères réunis par un corps calleux, une allantoïde autour du fœtus, un appareil mammaire. Voilà une nouvelle collection de caractères, plus généraux encore que les autres, car je les retrouve dans un certain nombre de types du troisième degré, l'homme, le singe, l'éléphant, la chauve-souris, le phoque et la baleine. J'en fais un type du quatrième degré, et passe ainsi au quatrième étage de la classification.

Je ne suis pas encore parvenu au faîte. A ces groupes de caractères de plus en plus généraux, précédemment extraits des individus considérés au début, je trouve accouplés d'autres caractères plus généraux encore : un encéphale et une moelle épinière logés dans une boîte osseuse, un squelette intérieur, du sang rouge, un cœur musculaire, des organes distincts des sens, et pareille organisation se rencontre, non seulement dans mon type du quatrième degré, les mammifères, mais dans d'autres encore, dans les poissons, les oiseaux, les reptiles et les batraciens. J'en fais un type du cinquième degré.

Enfin tous les individus compris dans ces types superposés les uns aux autres, digèrent, respirent, sentent, se meuvent, se reproduisent. Voilà, au milieu des différences les plus profondes, quelques traits communs, d'une généralité plus grande encore, car ils sont marqués dans toute forme animale, dans la plus simple comme dans la plus complexe, dans la méduse comme dans l'homme. C'est le contenu du type suprême de l'animalité, auquel se réduisent, par une élimination progressive des différences, tous les types inférieurs.

Ainsi, aux yeux de la science, l'individu est un système de dispositions organiques, formant des groupes de plus en plus généraux, subordonnés les uns aux autres; il n'est plus isolé dans le monde, comme il paraissait l'être avant que cette hiérarchie de caractères communs eût été découverte; il semble au contraire comme l'élément d'un vaste système, et le produit d'une alliance de qualités générales, dont les assemblages variés constituent la diversité des formes animales.

Subordination des caractères. — Si maintenant, prenant pour point de départ, non plus les individus, mais le sommet de la classification, nous parcourons en sens inverse le chemin déjà parcouru, nous verrons comment, sur une sorte de chaîne uniforme, se dessinent, par une trame de plus en plus complexe et variée, des circonscriptions de plus en plus restreintes.

Tout animal vit, se reproduit et sent : il faut des appareils pour réaliser ces fonctions essentielles; mais il n'est pas nécessaire que les organes indispensables à la vie aient partout mêmes dispositions. Une même fin ne peut-elle pas être réalisée par des moyens différents? Aussi voyons-nous que toutes les formes animales n'ont pas été coulées dans le même moule. On y découvre quatre ou cinq grands plans de structure, dont Cuvier a fait les caractéristiques de ses **embranchements.**

Un plan de structure posé, il peut être poursuivi de façons assez différentes. L'embranchement des *radiaires* est caractérisé par le rayonnement des organes ; mais ce rayonnement peut se faire de plusieurs manières. Chez certains radiaires, la cavité intérieure est partagée en compartiments par des cloisons rayonnantes ; chez d'autres, la masse compacte du corps est sillonnée de canaux qui vont du centre à la périphérie ; chez d'autres encore, une enveloppe rigide entoure une cavité où des organes distincts sont disposés en rayons plus ou moins réguliers. Voilà donc un plan commun réalisé de trois façons différentes ; chacune de ces façons caractérise une *classe*.

Maintenant on conçoit que l'agencement des moyens destinés à réaliser un plan général de structure puisse être plus ou moins compliqué. Ainsi la tortue et le serpent ont mêmes éléments organiques, ce qui les fait appartenir tous deux à la classe des reptiles ; mais de ces éléments communs, les uns sont rudimentaires chez le serpent, et fortement développés chez la tortue, les autres soudés et coalescents chez la tortue, sont multipliés et bien séparés chez le serpent. De là, dans les classes, des subdivisions caractérisées par le degré de complication des éléments de structure ; ce sont les *ordres*.

Mais, dans chaque ordre, le groupement des éléments de structure peut engendrer des formes assez différentes. Par exemple, dans l'ordre des *chéloniens*, la forme des tortues de mer n'est pas celle des tortues d'eau douce ; les premières ont une carapace plate et cordiforme ; celle des secondes est bombée et presque elliptique. Par suite il y a lieu d'établir dans les ordres, des subdivisions caractérisées par la forme qu'affecte la réunion des éléments anatomiques ; ce sont les *familles*.

Si maintenant nous considérons plusieurs animaux de même forme, le détail de leurs parties est loin d'être le même; un corbeau et un rollier sont de la famille des conirostres; mais l'un a un bec aplati sur les côtés et des narines couvertes de plumes; l'autre un bec au bout comprimé, et des narines nues. On est conduit par là à diviser les familles en groupes de moindre importance, les *genres*, caractérisés par les détails de la structure organique.

Enfin, dans un même genre, nous voyons que certains individus diffèrent entre eux par la stature, la proportion des parties, la couleur, l'ornementation. Ce sont là, dans chaque genre, les caractéristiques de groupes de moindre importance, les *espèces*, groupes indivisibles, où s'arrêtent les subdivisions progressives du règne animal.

Ainsi nous voyons d'une part, dans l'individu, une série de formules organiques, de plus en plus générales, comme emboîtées les unes dans les autres, et d'autre part une formule commune à tout le règne animal, produisant, par son alliance avec des groupes distincts de propriétés nouvelles, des formules de plus en plus compréhensives et de moins en moins générales. Par conséquent, si l'on connaît les caractères spécifiques d'un individu, on peut dire à quel genre, à quelle famille, à quel ordre, à quelle classe, à quel embranchement il appartient; mais la réciproque n'est pas vraie; connaissant l'embranchement d'un individu, on ne saurait dire de quelle classe, de quel ordre, de quelle famille, de quel genre, de quelle espèce il fait partie. Les caractères des groupes inférieurs sont *subordonnés* aux caractères des groupes supérieurs, aussi la présence des premiers dénote-t-elle nécessairement celle des seconds; mais les caractères des groupes supérieurs *dominent* les caractères de plusieurs groupes inférieurs Aussi leur présence laisse-t-elle le choix entre un certain nombre d'organisations subordonnées; ainsi tout mammifère est vertébré; mais un vertébré peut être mammifère, oiseau, reptile, batracien ou poisson.

CHAPITRE XI

VALEUR SCIENTIFIQUE DES CLASSIFICATIONS. — DES DÉFINITIONS EMPIRIQUES.

Nous venons de voir que dans les sciences où les classifications ne sont pas simplement des auxiliaires de la mémoire, mais de véritables instruments de science, c'est-à-dire dans les sciences naturelles, l'individu nous apparaît comme un système de *types* emboîtés les uns dans les autres et subordonnés les uns aux autres. Quelle est la valeur scientifique de ces types?

Les espèces, les genres, et les catégories plus générales, familles, ordres, classes, embranchements, ne sont pas de pures abstractions, étrangères à la réalité sensible, comme on l'a parfois prétendu ; elles ne sont pas davantage des entités métaphysiques ; autrement elles n'auraient pas accès dans la science ; elles ne peuvent avoir de rôle et de valeur scientifiques qu'à la condition d'être des *lois*, au sens positif du mot. Peut-on soutenir que telle est vraiment leur essence ?

Considérés en eux-mêmes, les types que nous rencontrons aux divers étages des classifications sont des images, non pas des images d'individus déterminés, mais, si l'on peut ainsi dire, des images générales, des *schèmes*, comme parlent les savants, où sont condensés les traits communs à toute une catégorie d'individus. Quelle est au fond la signification de ces *schèmes?*

Voici un cristal. Il a une forme définie, qui est commune à tous les cristaux de même espèce ; cette forme résulte évidemment de l'ordre dans lequel se sont groupées les molécules constitutives du cristal ; mais cet ordre n'est pas arbitraire ; il n'est pas l'œuvre d'une puissance mystérieuse qui agirait au dedans ou au dehors de la substance cristalline ; il est la conséquence nécessaire des actions et des réactions mécaniques qui se sont établies entre les molécules matérielles, et suivant lesquelles elles se sont attirées, repoussées, rangées et mises en place, de sorte que la forme cristalline est vraiment le signe sensible de la formule qui exprimerait le travail mécanique d'où elle est sortie.

Voici maintenant un animal. Il a, lui aussi, une forme moins rigoureusement définie que celle du cristal, assez définie cependant pour nous permettre de le placer dans une espèce, dans un genre, dans une famille, dans un ordre, dans une classe, dans un embranchement. Cette forme a pour cause prochaine l'agencement des organes et des appareils ; mais cet agencement lui-même, d'où résulte-t-il ? Incontestablement de l'évolution qui a produit l'animal, et qu'est cette évolution, sinon un système d'actions et de réactions entre les éléments du milieu où s'est développé l'embryon, et les éléments de sa propre substance, travail en vertu duquel les molécules organiques se sont surajoutées, distribuées, ordonnées d'une façon définie. — L'être vivant perd à chaque instant de sa substance ; mais ces brèches incessantes sont incessamment réparées par la nutrition, et sous ce renouvellement perpétuel persiste une même forme fondamentale. Qu'est encore ce travail nutritif, sinon un système d'actions et de réactions entre les éléments du milieu où vit l'animal et ceux de sa propre substance. — Les caractères morphologiques qui nous permettent d'attribuer à chaque animal une place déterminée dans les cadres d'une classification peuvent donc à bon droit être considérés comme les signes sensibles de la formule complexe qui exprimerait le travail évolutif d'où cet être est sorti, et le travail nutritif qui le maintient.

Si maintenant l'on remarque que les formes organiques ne sont pas propres chacune à un seul individu, mais que, sauf des variations accidentelles, elles se répètent dans un nombre illimité d'individus simultanés et se reproduisent dans une série indéfinie d'individus successifs, on est conduit à les considérer comme les produits des lois, c'est-à-dire des rapports généraux et constants qui règlent la coexistence des éléments dont est fait chaque être individuel.

La question est maintenant de savoir si la loi de chaque espèce est un système de rapports irrésolubles, ou une somme coordonnée de lois de plus en plus simples et de plus en plus générales. Dans ce dernier cas, les formes les plus diverses se ramèneraient peu à peu à l'unité ; des affinités de plus en plus étendues apparaîtraient entre les êtres les plus hétérogènes, et les catégories de nos classifications, espèces, genres, familles, ordres, etc., seraient l'expression systématique de lois d'extension différente travaillant de concert à la production et à la conservation des formes individuelles.

Pouvons-nous admettre qu'il en est ainsi ? Malgré des progrès récents, les sciences de classification sont encore les plus imparfaites des sciences de la nature. Pourtant elles témoignent en faveur de la conception que nous exposons. Un coq, un lièvre, un cygne diffèrent l'un de l'autre ; leurs lois de formation ne sauraient être identiques ; mais, leurs différences une fois éliminées, on trouve en eux un assez grand nombre de dispositions organiques communes. Nous sommes ainsi autorisés à voir en chacun d'eux le produit d'au moins deux groupes distincts de lois, les unes, communes à tous, origine des ressemblances; les autres propres à chacun, origine des différences. — Un turbot respire par des branchies, un chien par des poumons cloisonnés, une couleuvre par des poumons à peu près lisses; voilà des différences; si l'on en fait abstraction, on rencontre chez ces trois individus différents, des caractères communs, en particulier la disposition générale du système nerveux; d'où l'on est conduit à penser qu'en chacun d'eux, des lois d'étendue différente ont combiné leur action.

Ces présomptions se confirment si l'on considère les résultats de l'embryogénie comparée. Ils établissent d'abord que les individus ne se forment pas par l'accroissement en quelque sorte géométrique de germes préexistants, qui contiendraient l'être adulte en miniature. L'individu n'est pas, dès l'origine, formé de toutes pièces, arrêté dans tous ses traits, mais l'embryon est le siège de formations distinctes et successives, qui le munissent progressivement des instruments nécessaires à la vie; il y a plusieurs étapes dans l'évolution.

Ceci posé, si l'on observe le développement embryogénique des animaux en apparence les plus divers, on assiste à des différenciations progressives d'un même élément primitif. L'origine de toute évolution organique est une cellule. Au début, un mammifère ne se distingue pas d'un poisson, un poisson d'un oiseau, ni même un vertébré d'un invertébré. La cellule primitive est toujours une vésicule sphéroïdale où rien ne laisse deviner les caractères qui apparaissent aux diverses périodes du développement. Fécondé, l'ovule se divise; il devient bientôt un ensemble de petites sphères semblables les unes aux autres, et contenues toutes dans la même membrane. Si l'évolution s'arrêtait là, et si, à ce point de leur développement, on faisait sortir des milieux qui les contiennent, les embryons des animaux les plus distincts, on ne pourrait en dire qu'une chose : ce sont des animaux; mais on ne saurait dire à quel embranchement, ni à fortiori à quelle classe, à quel ordre, à quel genre, à quelle espèce ils auraient appartenu. Tous les animaux sont d'abord caractérisés comme animaux, et l'on peut appeler *loi du règne* la loi générale qui préside à cette première et commune étape de toutes les évolutions animales.

L'évolution continue; les phénomènes qui jusque-là avaient suivi des voies parallèles, chez tous les animaux, vont désormais diverger. Chez les uns, se forme un canal cylindrique, qui recevra plus tard la moelle épinière. L'animal est dès lors caractérisé comme vertébré. Chez les autres apparaissent les traits propres au mollusque, au rayonné et à l'articulé. A la loi du règne se sont ajoutées d'autres lois moins générales, celles des *embranchements*.

Pendant quelque temps l'embryon du vertébré n'a rien en lui qui laisse pressentir à quelle classe il appartiendra. Il sera mammifère, oiseau, reptile, batracien ou poisson; mais jusqu'ici il n'est que vertébré. Mais l'évolution continuant, de nouveaux caractères apparaissent : chez ceux-ci naissent des franges branchiales, chez ceux-là des poumons; les ampoules cérébrales se développent inégalement; ici les lobes antérieurs, là les lobes médians prédominent. Le vertébré se caractérise ainsi peu à peu comme mammifère, ou comme oiseau, ou comme reptile, ou comme poisson. La loi de l'embranchement agit toujours, mais elle reçoit la collaboration de lois moins étendues qui spécifient son œuvre dans un sens ou dans un autre. Ce sont les lois des classes. Dans la suite apparaîtront les caractères des ordres et des autres catégories plus restreintes

Ainsi une forme commune au règne entier est d'abord réalisée; puis, en se développant, elle se modifie, ici d'une façon, là d'une autre. Chacune de ces nouvelles formes se spécifie à son tour, et ainsi de suite, d'épigénèse en épigénèse, jusqu'à l'apparition des caractères particuliers à l'espèce; avant de les revêtir, l'individu a pris une série de formes qui lui sont communes avec un nombre de moins en moins grand d'autres êtres; chacune d'elles résultait du groupement des éléments organiques; elle est donc le signe extérieur et sensible des lois qui président à cette répartition, et comme les formes moins générales naissent de la modification d'une forme plus générale qui préexistait, il est vrai de dire que la loi de l'embranchement, par exemple, continue d'agir, alors que la loi de la classe est apparue, en s'adaptant bien entendu aux conditions nouvelles que lui crée cette coopération, et ainsi des autres.

Imperfection de la connaissance scientifique obtenue par les classifications. — Mais ces lois de coexistence, pouvons-nous en avoir une connaissance rigoureuse et exacte, comme celle des lois de succession? Nous ne le pensons pas; plusieurs obstacles s'y opposent. Le premier, c'est l'impossibilité pratique de déterminer nettement la sphère où chacune d'elles s'exerce dans l'individu. L'individu, avons-nous dit, est comme le produit d'une société coopérative de lois de coexistence. Quelle est au juste la part de chacune d'elles? Nous ne pouvons la déterminer avec rigueur. Les divers types réalisés par un individu, loin d'être emboîtés géométriquement les uns dans les autres, sont en quelque sorte fondus ensemble; leur empreinte est marquée sur chaque partie de l'être; ainsi il n'est pas, chez un vertébré, d'organe qui ne puisse servir à dénoter l'ordre, la classe et même l'embranchement. L'observation du développement embryogénique ne nous fournit guère de données plus précises ; l'évolution ne procède pas par sauts et saccades ; elle est continue ; l'embryon, bien qu'il change nécessairement, semble passer insensiblement d'une forme à l'autre, sans que nous puissions marquer avec sûreté le point précis où l'une commence, où l'autre finit. D'ailleurs, les diverses couches que produit l'évolution modifient celles auxquelles elles s'ajoutent ; l'épigénèse organique n'est pas comparable à la stratification géologique ; la loi de l'embranchement n'a pas terminé son œuvre quand apparaît la loi de la classe ; elle la continue en se pliant aux conditions qui lui sont faites par la nouvelle venue. Le discernement rigoureux de la contribution de chaque groupe de lois à la formation totale de l'individu est donc manifestement impossible.

Mais ne le fût-il pas, nous serions loin encore des formules exactes et précises que nous obtenons dans d'autres parties de la science. Pour en établir de semblables, il faudrait que l'équivalence mécanique de tous les phénomènes de la nature extérieure eût été déterminée, qu'on eût trouvé la loi mathématique de la gravitation des infiniment petits. Et même alors, serait-il possible de faire tenir dans un système de formules le nombre indéfini des actions et réactions moléculaires qui s'accomplissent dans l'être organisé ? Cet être n'est à l'origine qu'une cellule : si simple qu'on la suppose, elle est composée de parties hétérogènes ; les parties sont à leur tour composées de parties ; en elles existe donc un nombre inassignable de rapports élémentaires. Elle est placée dans un milieu vivant ; chaque partie des éléments qui la composent est donc en rapport avec chaque partie des éléments de ce milieu ; à mesure qu'en elle apparaît un élément nouveau, le système de ces rapports avec l'extérieur est modifié; ce milieu qui réagit sur elle, subit lui-même, et lui communique la réaction du milieu où il se trouve; voilà donc une infinité de rapports qui s'ajoutent aux premiers, et ceci peut être répété pour chaque cellule de l'être organisé! Comment établir la formule de cet infini élevé à une puissance infinie?

Par conséquent, si le système des espèces, des genres, et des autres catégories est au fond un système de lois, nous ne saurions avoir de ces lois une connaissance exacte. Nous ne pouvons, dans cet ordre de recherches, substituer à l'image des formes extérieures, la pensée des lois intimes qui les produisent; les types et les schèmes ne peuvent être remplacés par des formules.

Par suite, nous ne pouvons établir entre les espèces, les genres, les familles, les ordres, les classes et les embranchements de ces rapports d'inclusion mathématique, comparables à ceux par lesquels Newton, par exemple, faisait rentrer les lois de Képler et de Galilée dans la loi plus générale de la gravitation universelle. S'il est vrai que le genre contient ce qui est commun à plusieurs espèces, comme les espèces et les genres demeurent toujours objets d'imagination, en passant des espèces aux genres, les caractères spécifiques s'évanouissent, et le rapport intelligible qui les unit au type générique nous demeure caché; aussi, pour revenir du genre aux espèces, avons-nous besoin de recourir à l'intuition; du vertébré, par exemple, je ne puis pas déduire le mammifère, l'oiseau, le reptile et le poisson; pour les connaître, l'observation est indispensable. On est ainsi conduit à souscrire pleinement au mot du naturaliste Agassiz : « Les systèmes de nos auteurs ne sont que des approximations successives du système de la nature elle même. »

Des définitions empiriques. — Le contenu des différentes catégories comprises dans les classifications est l'objet des **définitions empiriques**, ainsi appelées par opposition avec les définitions mathématiques. Il suffit de cette brève formule pour faire voir les caractères de ces définitions.

En premier lieu, elles énoncent des groupes de qualités sensibles : *l'homme est un mammifère bimane.* Par suite, elles sont loin d'être assurées et immuables. Quand nous définissons une idée par le genre et par la différence, les deux éléments du prédicat évoquent, l'un le groupe des qualités propres à l'espèce, l'autre le groupe des qualités communes à un certain nombre d'espèces. Il en résulte que la définition variera selon le système de classification adopté ; on peut employer le même nom pour désigner les espèces, les genres, les familles, les ordres, les classes et les embranchements, sans s'accorder sur le fond des choses. Ainsi le terme *mammifère* n'a pas le même sens dans la classification de Linné, dans celle de Cuvier et dans celle de Hœckel. Il se peut qu'un jour on parvienne à fondre en un seul tous les systèmes de classification actuellement en usage ; jusque-là les définitions empiriques ne seront pas irrévocablement closes ; la formule n'en variera peut-être pas ; dans un siècle on définira peut-être encore l'homme un mammifère bimane ; mais les choses désignées par les mots « mammifère bimane » auront sans doute changé ; l'essence du mammifère et du bimane sera probablement mieux connue. Par conséquent, jusqu'à la constitution définitive des systèmes naturels, les définitions empiriques doivent rester à l'état instable.

Il y a plus : le jour où tout désaccord aurait cessé entre les savants sur la valeur et les caractères propres des subdivisions de la nature, les définitions seraient encore loin d'être complètes et définitives. Il faut toujours tenir compte des méprises possibles de l'expérience ; l'erreur peut toujours, par suite, s'introduire dans une classification dont les degrés correspondraient cependant à la hiérarchie véritable des caractères naturels ; de là elle passe dans la définition. Et puis, nous ne pouvons avoir des espèces et des genres une connaissance exacte et complète ; aussi les définitions empiriques sont-elles des expressions de plus en plus approchées d'une réalité qui ne sera, ce semble, jamais exprimée d'une manière totalement adéquate.

On voit, par tout ceci, quel est le rôle des définitions empiriques, et quelle est leur place dans la science : elles ne sont pas des principes, comme les définitions mathématiques ; elles sont des résumés, résumés toujours ouverts à la revision ; elles sont donc, comme les classifications, à la fin et non pas à l'origine de la science.

CHAPITRE XII

LES THÉORIES ; LES HYPOTHÈSES.

La science expérimentale ne doit pas être confondue avec l'empirisme. Les faits sont le point de départ commun de l'une et de l'autre ; mais l'empirisme se borne à les constater, sans les interpréter ; la science les interprète, et les interprétant, les explique. Cette interprétation est l'œuvre des *idées ;* à ce point de vue, on peut définir la science expérimentale un système de conceptions vérifiées par l'expérience. L'esprit ne la reçoit pas toute faite du dehors ; il la crée en vertu de son activité propre. Comme l'a dit un savant contemporain, « l'empirisme a fait son temps ; la science ne pourra atteindre son but que par l'expérience guidée par la théorie ».

Toute théorie est à l'origine essentiellement hypothétique. Mais il convient de distinguer deux sortes d'hypothèses : 1° les *hypothèses spéciales*, par lesquelles on imagine une explication à un fait donné; 2° les *hypothèses générales*, par lesquelles on coordonne et relie par une explication commune un ensemble plus ou moins considérable de faits différents.

Les premières nous sont déjà connues. Nous avons vu, en traitant de la découverte expérimentale, comment, sauf les cas très rares où la simple observation nous révèle la liaison des faits, elles viennent s'insérer à un point déterminé dans la trame du raisonnement expérimental. Nous savons aussi que ces explications anticipées ne peuvent prendre place dans la science qu'après avoir été vérifiées. Aug. Comte a exposé des vues très justes sur les fonctions et les conditions de ces hypothèses spéciales : « L'emploi de ce puissant artifice doit être constamment assujetti à une condition fondamentale, à défaut de laquelle il tendrait nécessairement à entraver le développement de nos vraies connaissances. Cette condition, jusqu'ici vaguement analysée, consiste à ne jamais imaginer que des hypothèses susceptibles, par leur nature, d'une vérification positive, plus ou moins éloignée, mais toujours clairement inévitable, et dont le degré de précision soit exactement en harmonie avec celui que comporte l'étude des phénomènes correspondants. En d'autres termes, les hypothèses vraiment philosophiques doivent constamment présenter le caractère de simples anticipations sur ce que l'expérience et le raisonnement auraient pu dévoiler immédiatement, si les circonstances du problème eussent été plus favorables. Pourvu que cette seule règle nécessaire soit toujours et scrupuleusement observée, les hypothèses peuvent évidemment être introduites sans aucun danger, toutes les fois qu'on en éprouve le besoin, et même simplement le désir raisonné. Car on se borne ainsi à subtituer une exploration indirecte à l'exploration directe, quand celle-ci serait ou impossible, ou trop difficile[1]. »

La vérification des hypothèses spéciales est tantôt directe, tantôt indirecte : directe, quand le fait *supposé* peut être réalisé expérimentalement; indirecte, quand cette réalisation étant impossible, les conséquences tirées par la déduction et par le calcul de la supposition concordent avec tous les faits connus. L'expérience de Claude Bernard, précédemment rapportée, sur l'acidité des urines des herbivores à jeun, est un exemple de vérification directe ; la concordance de l'hypothèse newtonienne de la gravitation universelle avec tous les faits connus est un exemple de vérification indirecte. « C'est en 1666 que la loi de la gravitation s'offrit pour la première fois à la pensée de Newton. Il en déduisit d'abord les conséquences pour la lune. Mais le résultat de ses calculs ne concordant pas avec les observations, il renonça à sa théorie. Une des bases de ses calculs était la mesure du méridien. Il apprit en 1670 que l'Académie des sciences de Paris venait d'obtenir une nouvelle mesure du méridien qui différait de celle qu'on avait admise jusqu'alors. Les calculs repris sur cette base pouvaient vérifier l'hypothèse. Cette pensée lui causa une agitation telle qu'il chargea un de ses amis de reprendre ses calculs, que, dans son émotion, il ne se sentait pas capable de faire lui-même. Les calculs cette fois se trouvèrent pleinement d'accord avec les résultats de l'observation. C'est ainsi que la gravitation devint une loi qui, dès lors, a été de plus en plus confirmée par les travaux des grands géomètres du dix-huitième siècle et enfin par ceux de Laplace[2]. »

Les hypothèses générales. — La découverte d'une loi

---

1. *Cours de philosophie positive*, t. II, p. 298, édit. de 1864.
2. Naville *La Logique de l'hypothèse*, p. 37

est la réduction à l'unité d'un nombre indéfini de faits semblables; mais l'unité ainsi obtenue est fragmentaire. L'esprit demande davantage ; poussé par ce besoin d'unité qui engendre la science et la fait se développer, il ne lui suffit pas de connaître les lois des phénomènes particuliers; ces lois, il veut encore les réduire elles-mêmes à l'unité, et pour cela les faire rentrer en des formules de plus en plus générales; son idéal serait d'atteindre une loi unique et suprême de laquelle toutes les autres seraient des fonctions particulières. Cet idéal ne saurait être réalisé, s'il peut jamais l'être, que le jour lointain encore où la nature nous aurait livré tous ses secrets et dévoilé la loi de tous ses phénomènes. Mais, cédant à une heureuse et féconde impatience, l'esprit anticipe sur les résultats positifs de la science ; il ne se contente pas d'enregistrer, de résumer et de coordonner les résultats vraiment acquis, il franchit les distances, il comble les lacunes, et relie par des *hypothèses générales* des ordres entiers de faits, parfois même tous les phénomènes de la nature.

La science contemporaine nous offre de saisissants exemples de ces hypothèses générales. C'est un fait que la faune de nos jours diffère de celles des âges écoulés. Les vieux gisements du sol renferment les débris d'espèces animales aujourd'hui disparues. Comment expliquer cette succession d'espèces différentes à la surface de la terre, sans recourir à l'intervention de causes étrangères à la nature? L'empirisme se bornerait à constater le fait, sans chercher à l'expliquer; la science expérimentale est moins réservée. Elle a supposé que les espèces dérivent les unes des autres, les plus complexes des plus simples, par une série indéfinie de transformations lentes, que ces transformations, œuvre des milieux, se transmettent par l'hérédité, s'accumulent, qu'au milieu de la concurrence vitale engagée sur toute la terre entre tout ce qui vit, les individus les plus forts, les mieux armés pour la lutte subsistent seuls, et qu'ainsi, par une sélection naturelle, s'accomplit le progrès des espèces. Elle va même parfois plus loin en ses conjectures ; certains savants ont supposé que la vie, en apparence irréductible aux forces physiques et chimiques, était sortie de la matière brute par une complexité croissante des éléments matériels, et qu'ainsi ce qui a vie se reliait d'une façon insensible à ce qui ne vit pas.

La théorie de l'unité des forces physiques est un autre exemple, et non moins frappant, des hypothèses générales. Déjà, au dix-septième siècle, Descartes avait affirmé, sur la foi de l'évidence, l'identité fondamentale de tous les phénomènes matériels ; pour lui, tout dans la nature, même les phénomènes vitaux, se réduisait au mouvement. Cette hypothèse, suggérée à Descartes, non par les faits, mais par des considérations purement rationnelles, devait être reprise de nos jours par la science expérimentale. Nous l'avons vu déjà, la science se plaît à supposer que les apparences phénoménales les plus diverses recouvrent une profonde unité de composition, qu'il y a équivalence entre tous les ordres de faits, que les uns peuvent se substituer aux autres suivant des proportions définies, que chaleur, sons, couleurs, électricité, magnétisme, actions chimiques, sont les réactions différentes de notre sensibilité à des excitants, au fond de même nature, que tout dans l'univers se passe mécaniquement, et qu'en fin de compte le monde extérieur est un fait unique indéfiniment répété et diversifié. C'est bien là une hypothèse, une conjecture. Cette unité supposée de tous les phénomènes de la nature extérieure n'a pas encore été vérifiée expérimentalement. Sur certains points la preuve est acquise ; mais sur le plus grand nombre elle fait encore défaut ; on sait par exemple que les phénomènes naturels sont unis par une corrélation générale, qu'ils se suscitent les uns les autres, et paraissent se transformer les uns dans les autres; on sait que les organes de nos différents sens répondent par des sensations différentes, sons, lumière, chaleur, saveurs, contractions musculaires, etc., à une même excitation, et que des excitants en apparence différents provoquent sur le même sens des sensations de même espèce; on sait que de la chaleur qui semblait disparue est devenue mouvement, et que du mouvement qui paraissait anéanti est devenu chaleur; on a même mesuré le rapport suivant lequel ces deux phénomènes se substituaient l'un à l'autre; on sait que dans les combinaisons chimiques il se passe certains phénomènes de chaleur, de la présence desquels on est induit à conclure à la nature mécanique des actions et des réactions chimiques; on sait que les phénomènes vitaux sont assujettis à des conditions physico-chimiques; mais que de lacunes encore! Le mécanisme des phénomènes lumineux, qui repose sur la supposition de l'éther, est hypothétique; nous ignorons ce qu'est l'électricité, ce qu'est le magnétisme; et que de mystères encore, malgré d'admirables progrès, dans le domaine des infiniment petits, dans la chimie, dans la biologie ! N'importe; l'hypothèse, et c'est là son essence, franchit ces lacunes, réunit, au moins provisoirement, ce qui était séparé, et prolonge, au delà du point où elles s'arrêtent, les lignes de l'expérience.

Ces hypothèses générales, on le comprend sans peine, ont pour double condition d'être suggérées par les faits et de répondre aux faits. Notre théorie contemporaine de l'unité des forces physiques a plus de valeur que n'avait la même conjecture dans la doctrine de Descartes. C'est que pour Descartes elle était une pure conception, issue non de l'observation de la nature, mais d'idées entièrement à priori. Descartes partait de ce prétendu principe que tout ce qui est clair est vrai, et que tout ce qui est vrai est réel, et comme les qualités mathématiques des choses sont seules claires et distinctes, à l'exclusion des qualités sensibles, obscures et confuses, il en concluait que l'univers réel était essentiellement géométrie et mécanique. Au contraire, si conjecturales qu'en soient certaines parties, la théorie contemporaine de l'unité des forces physiques a été directement inspirée par les résultats sans cesse accrus de l'expérience; elle reçoit chaque jour de l'expérience des confirmations partielles, mais concordantes; elle n'est pas encore investie de la certitude; mais elle a atteint un haut degré de probabilité.

Imaginées pour relier systématiquement différents ordres de faits, les hypothèses générales n'ont en définitive qu'une valeur provisoire. Le droit de témoignage est toujours ouvert contre elles, comme il l'est en leur faveur. Un seul fait nouveau suffit à les faire évanouir. Ainsi Dumas avait émis sur la foi de nombreux faits concordants, cette théorie que les végétaux sont radicalement distincts des animaux, en ce sens que les premiers produisent des composés chimiques, et que les seconds les détruisent. La découverte de la fonction glycogénique du foie par Claude Bernard, a montré que certains organes animaux produisaient des composés de la nature de ceux qu'on rencontre dans les végétaux, et ruine la théorie de Dumas. Il faut donc tenir ces hypothèses pour ce qu'elles sont réellement, de vastes anticipations, des explications conjecturales qui d'un instant à l'autre peuvent être détruites et remplacées.

On voit par ce qui précède quelle est leur fonction dans la science. Elles sont une satisfaction, souvent prématurée, mais nécessaire, à ce besoin d'unité qui porte l'esprit à ne pas attendre sur tous les points les révélations souvent tardives de la nature; elles sont en cela conformes à l'esprit de la science qui est la réduction systématique de la multiplicité à l'unité. Elles sont en outre un excitant pour les expériences et même un guide pour la recherche ; elles suscitent et coordonnent les investigations ; quand une hypothèse de cette sorte apparaît, les contradictions qu'elle provoque, les ardeurs qu'elle excite ont d'heureux résultats pour l'avancement de la science ; on se met à l'œuvre pour la confirmer ou pour la détruire, et en fin de compte, le savoir en est accru. Seulement le jour où les faits viennent à la démentir, il faut l'abandonner sans esprit de retour et sans regret ; autrement l'indépendance intellectuelle du savant est compromise, et avec elle le succès de ses recherches.

CHAPITRE XIII

L'INDUCTION. LE POSTULAT DES SCIENCES DE LA NATURE

On appelle induction, dans la science de la nature, le raisonnement par lequel nous passons de la connaissance des faits à celle des rapports constants et généraux qui les unissent. L'induction ainsi définie est impliquée dans toutes les conclusions des méthodes expérimentales. Je constate qu'un phénomène b est déterminé par un phénomène a ; j'en conclus que *toutes les fois* que le phénomène a sera donné, le phénomène b suivra. Je distribue les animaux en espèces, genres, ordres, classes et embranchements ; je crois que ces cadres ne contiennent pas seulement les individus que j'ai pu observer, mais qu'ils s'étendent à tous les animaux actuellement existants, et qu'ils recevront tous les animaux à venir. La science de la nature est une perpétuelle conclusion du particulier au général, du présent à l'avenir. Supprimez cette conclusion et tous les procédés d'investigation expérimentale deviennent stériles, ou plutôt ils aboutissent simplement à enregistrer et à coordonner des expériences toujours limitées dans l'espace et dans le temps; la science n'est plus que le résumé sans portée du passé, et non l'anticipation de l'avenir; en un mot elle cesse d'être la science, car savoir, ce n'est pas seulement avoir constaté ce qui est, c'est connaître ce qui doit être, abstraction faite des limites imposées à l'expérience par l'espace et le temps. Toute connaissance scientifique se formule en une loi, et toute loi s'exprime en une proposition générale : Toutes les fois que deux corps sont mis en présence, ils s'attirent en raison directe des masses et en raison inverse du carré des distances.

Ainsi, dans les sciences de la nature, nous concluons de quelques cas observés à tous les cas semblables.

Cette conclusion est-elle le fruit d'une opération purement logique, du genre de celles que nous avons décrites dans la première partie de ce livre, et régie par les principes formels de la pensée? L'induction formelle conclut de toutes les parties d'un tout au tout qu'elles constituent; elle suppose par conséquent que ces parties sont en nombre fini et qu'elles sont toutes individuellement connues. Tel n'est pas le cas de l'induction expérimentale. En fait, il suffit d'une expérience pour nous autoriser à conclure du phénomène à la loi; nous concluons alors de un à tous. Si le plus souvent nous répétons les expériences, ce n'est pas par défiance du raisonnement qui nous emporte si loin des limites de notre observation, c'est par crainte de nous être mépris sur les résultats de l'expérience; la répétition n'est au fond qu'une vérification de la première épreuve, et non pas une condition nécessaire de l'induction. En droit, le nombre des phénomènes régis par une même loi est illimité; ils se succèdent sans trêve dans le temps infini, et nous ne pouvons par suite espérer de les connaître tous individuellement. Par conséquent l'induction en usage dans les sciences de la nature n'a de commun avec l'induction formelle que d'aboutir à des propositions générales; mais tandis que l'une a pour prémisses l'énumération complète de tous les cas compris dans la conclusion, l'autre part de quelques-uns seulement de ces cas.

Principe de l'induction. — Reprenons brièvement l'analyse de l'opération scientifique pour en discerner les moments essentiels. Un fait étant donné, il s'agit d'en découvrir les conditions déterminantes. Ces conditions se trouvent évidemment parmi les phénomènes qui précèdent et accompagnent le phénomène à expliquer. Mais antérieur et simultané ne sont pas synonymes de déterminant. Mille relations accidentelles, sans influence sur eux, enveloppent les faits; la découverte des déterminants étant affaire d'expérience, il nous faut des signes certains auxquels on les distinguera des phénomènes simplement antérieurs ou concomitants. Ces signes, les méthodes expérimentales nous les fournissent. Si la présence de A est liée à celle de B, si la suppression de A fait disparaître B, si toute variation de A est suivie et accompagnée d'une variation corrélative de B, je sais, à n'en pas douter, que A est le déterminant de B. Voilà le premier moment de l'opération. — Voici maintenant le second. A s'en tenir rigoureusement aux résultats de l'expérience, on devrait dire : *ici, à cette heure*, le phénomène A a déterminé le phénomène B, proposition qui serait évidemment sans valeur scientifique. Mais elle se transforme spontanément en proposition générale; à peine ai-je constaté la détermination de B par A, que, sans plus rien demander à l'expérience, j'énonce que toujours A déterminera B. Ce passage du fait constaté dans un point de l'espace et à un instant du temps, à la formule générale, voilà l'induction proprement dite. — La découverte du déterminant a fourni la matière de la loi ; l'induction a donné une forme universelle à cette matière particulière.

Il en résulte que l'opération scientifique suppose l'intervention de deux principes : 1° les phénomènes sont déterminés ; 2° l'ordre suivant lequel ils sont déterminés est général et constant ; ou en d'autres termes : 1° tout phénomène suppose une cause ; 2° les mêmes causes produisent les mêmes effets.

De ce principe dépend l'existence même de la science. Supposons, en effet, que chaque phénomène surgisse à l'existence comme de lui-même, en vertu d'une puissance intérieure, sans lien avec le reste de la nature, il y aura autant d'individualités irréductibles que de faits ; partant, l'unité poursuivie par la science le sera vainement ; ce sera, dans le monde, sinon l'anarchie, du moins une telle multiplicité de puissances indépendantes qu'elles échapperont aux prises de l'esprit. Supposons que les phénomènes soient déterminés à l'existence par d'autres phénomènes, mais que les rapports qui les unissent ainsi soient particuliers et changeants, c'est-à-dire que les mêmes causes ne soient pas partout suivies des mêmes effets, et que les mêmes effets n'aient pas partout les mêmes causes, que sera la science devant cette instabilité de l'ordre des phénomènes ? La constatation de ce qui a été, sans aucune prévision de ce qui sera. Or, la science fait tenir dans ses formules le passé, le présent et l'avenir : elle ne peut le faire que si les phénomènes ont entre eux des liaisons générales et constantes.

C'est cette croyance au déterminisme universel qui

pousse le savant à chercher les déterminants des faits et l'autorise à dépasser, dans ses conclusions, les limites des faits observés.

Mais cette croyance, qui préside à l'expérience, est-elle un fruit de l'expérience elle-même? Stuart Mill l'a pensé, et il a essayé de justifier ainsi son opinion. D'après lui, nous commençons par induire, non pas du particulier au général, mais du particulier au particulier. Dès qu'apparaissent en nous les premières lueurs de l'intelligence, nous faisons des inductions, sans connaître encore l'usage des termes généraux. L'enfant qui s'est brûlé le doigt, ne l'approchera plus de la flamme ; il se souvient qu'il a été brûlé, et sans autre garantie que ce souvenir, il croit que la flamme le brûlerait de nouveau, s'il en approchait de nouveau son doigt ; l'image du feu et le souvenir de la brûlure sont associés dans son esprit en sorte que la première évoque le second. Une conclusion semblable se répète à chaque fois que se reproduit un cas semblable ; mais chaque fois elle ne dépasse pas le cas présent ; il n'y a pas encore généralisation ; un fait particulier est induit d'un fait particulier.

Comment s'opère le passage de cette induction instinctive et restreinte à l'induction du particulier au général? L'induction scientifique consiste à conclure que « ce qui est vrai dans un cas particulier sera trouvé vrai dans tous les cas qui ressemblent au premier ». Par conséquent, elle implique un principe ; il faut croire au préalable « qu'il y a des cas parallèles dans la nature, que ce qui est arrivé une fois arrivera encore dans des circonstances suffisamment semblables, et de plus arrivera aussi souvent que les mêmes circonstances se représenteront ». Mais cette conviction, comment s'engendre-t-elle ? — L'uniformité de la nature est en définitive la somme des uniformités partielles ; elle est un fait complexe composé des uniformités séparées de chaque phénomène. Il en résulte que le principe de l'induction est le résumé et l'abrégé de toutes nos inductions particulières.

Cette façon d'envisager les choses semble vicieuse. En effet, l'induction du particulier au général implique la croyance à l'uniformité de la nature ; cette croyance ne saurait, ce semble, dériver des inductions particulières qui sans elle n'auraient ni force ni valeur.

Mais n'oublions pas que les inductions primitives se font d'un cas particulier à un cas particulier. L'homme alors induit spontanément, et en l'absence de tout principe. Puis les mêmes phénomènes venant à se reproduire dans les mêmes circonstances, nous commençons à croire que tous les phénomènes se comportent aussi régulièrement ; peu à peu cette présomption se fortifie, à mesure que s'accroît le nombre des cas favorables qui déposent en sa faveur, et, comme aucun fait ne la dément, l'esprit en vient naturellement à réunir en une formule générale toutes ses lois ébauchées et provisoires, et la croyance à l'uniformité de la nature finit par tirer de l'unanimité des témoignages favorables, et de l'absence de tout témoignage contraire une autorité à laquelle nous ne saurions nous soustraire sans nous faire violence à nous-mêmes. Dès lors, la certitude dont elle est investie rejaillit sur les lois particulières, et ainsi s'accomplit, sans cercle vicieux, le passage de l'inférence du particulier au particulier à l'inférence du particulier au général.

Ainsi le principe de l'induction serait une habitude intellectuelle engendrée par la répétition des mêmes faits.

Cette théorie soulève de graves objections. La génération du *principe de la causalité universelle*, c'est le nom que donne Stuart Mill au principe général de l'induction, est un résultat d'expériences uniformes accumulées. Cependant il est impossible d'établir expérimentalement ce soi-disant résultat de l'expérience. Quand la réflexion s'éveille en l'homme, ses habitudes mentales sont déjà formées, et il ne reste aucun souvenir des expériences dont on les présente comme la conséquence et le résumé. Celles dont nous sommes témoins ne sont plus de la même espèce, puisqu'elles sont à la fois l'œuvre de l'expérience et des associations primitives, devenues la règle de nos acquisitions ultérieures; elles ne sauraient donc servir d'exemple ni de preuve. Mais là n'est pas notre principal grief contre la théorie de Stuart Mill.

Les anticipations ou les associations, pour parler son langage, sont de deux sortes : les unes générales et abstraites, les autres concrètes et relatives à un fait particulier; la *loi de la causalité universelle* est du premier genre : les lois de tel ou tel fait sont du second. D'après Stuart Mill, la loi de la causalité universelle est un extrait et un résumé de toutes les lois particulières. Or, on ne saurait contester que plus d'une fois des explications fausses se sont érigées indûment en lois et en principes, qu'elles ont, à ce titre usurpé, pris possession des esprits pendant plusieurs générations; tôt ou tard cependant elles finissent par être rectifiées. Or, à quels signes reconnaissons-nous nos erreurs? À ceux précisément que nous fournit la loi de la causalité universelle; cette loi servirait donc à ruiner les matériaux dont elle est faite. Dira-t-on que chaque brèche ouverte dans le principe est immédiatement réparée, puisque toute association rompue est immédiatement remplacée par une association nouvelle? Mais ce sera reconnaître la préexistence logique du principe sans lequel on ne saurait ni défaire d'anciennes associations, ni en former de nouvelles.

D'ailleurs quelle garantie peut en définitive nous fournir un soi-disant principe engendré par l'habitude? L'habitude est en nous, et non pas hors de nous; nous sommes sans lumière sur le fond des choses extérieures. Jusqu'ici les phénomènes se sont produits dans un ordre déterminé; cette régularité qui, nous le voulons, n'a pas jusqu'ici subi d'exception, nous a fait contracter l'habitude de nous représenter d'avance les phénomènes à venir liés entre eux comme l'ont été les phénomènes passés. Mais cette tendance, la nature l'a-t-elle contractée en même temps qu'elle nous la faisait contracter? A s'en tenir à la seule expérience, est-on en droit de croire que les lois de l'esprit sont identiques à celles des choses, et que le cours des phénomènes produit les mêmes effets hors de nous qu'en nous? Malgré notre répugnance à le penser, qui nous assure, en définitive, que demain l'ordre de la nature ne sera pas bouleversé, que demain les phénomènes cesseront d'obéir à des lois, de se produire à la suite de causes déterminées? Une tendance qui n'a de garantie que l'expérience doit, en bonne logique, s'arrêter où s'arrête l'expérience, c'est-à-dire au présent. Nous avons beau faire, si invétérées que soient nos habitudes mentales, un scrupule nous reste, que les faits ne parviennent pas à dissiper. Sans supposer dans la nature un malin génie qui prendrait plaisir à nous entraîner à sa suite dans une voie où il nous arrêterait brusquement, n'est-ce pas être conséquent avec la doctrine, que de suspendre son jugement et de se prémunir contre les séductions trompeuses de l'imagination? L'absence de toute attente ne vaudrait-elle pas mieux que cette prévision toujours en alarme qui trouve, dans ce qui semblerait devoir la fortifier, des raisons nouvelles de se défier d'elle-même? Mais alors la pensée ne se garde-t-elle pas contre une anarchie sans cesse menaçante par le pire de tous les remèdes, l'abdication ou le suicide?

La garantie de la science expérimentale n'est donc pas

fournie par l'expérience elle-même. Le double principe qui est le nerf de toute recherche et de toute induction est antérieur à l'expérience. D'où vient-il ? Il n'appartient pas à la science elle-même de le rechercher ; elle l'accepte comme un *postulat*.

CHAPITRE XIV

L'ANALYSE ET LA SYNTHÈSE.

Chaque science a une méthode particulière. Les mathématiques ne procèdent pas par les mêmes voies que les sciences expérimentales ; la différence de leurs objets les en empêche. Cependant, malgré ces différences, la science est une ; l'esprit qui la constitue est un, et dans ses démarches les plus diverses et même en apparence les plus opposées, il obéit aux mêmes lois. Aussi n'est-il pas étonnant que les sciences les plus différentes, si l'on défalque de chacune d'elles la particularité résultant de son objet propre, impliquent une même procédure générale qu'il nous faut maintenant déterminer.

Analyse et synthèse.—Toute méthode est au fond *analyse* et *synthèse*. Étymologiquement, analyse (ἀνάλυσις, ἀναλύειν) signifie *décomposition ;* synthèse (σύνθεσις, συντιθέναι) signifie *composition*.

Lorsque Descartes entreprit de réformer les sciences, il formula quelques préceptes de méthode applicables à la recherche de toute vérité. Deux de ses préceptes prescrivaient, le premier, de décomposer chacune des difficultés qui se présenteraient en autant de parties qu'il se pourrait, et qu'il serait requis pour les mieux résoudre ; le second, de conduire par ordre ses pensées, en commençant par les objets les plus simples et les plus aisés à connaître, pour s'élever peu à peu, et comme par degrés, à la connaissance des plus composés, en supposant même de l'ordre entre ceux qui ne se suivent pas naturellement les uns les autres. C'est la double formule de l'analyse et de la synthèse. Pour Descartes, les choses sont de deux sortes : les unes obscures et composées, les autres claires et simples ; celles-ci nous sont connues immédiatement, par une « simple inspection de l'esprit, » par intuition, dirions-nous aujourd'hui. Ces éléments simples et distincts, intuitivement connus, sont les facteurs de choses complexes et obscures. Avoir la science de ces dernières, c'est par suite les réduire, en les décomposant, aux facteurs simples et irréductibles dont elles sont faites ; de là, une première démarche de la science, la réduction du composé au simple, du sensible à l'intelligible. Mais ce n'est là encore qu'une moitié de la science. Les éléments simples dont les choses sont faites une fois découverts, il faut, par une démarche inverse, rechercher comment ils concourent à la composition des choses, en suivant l'ordre de la complexité croissante ; de là une seconde démarche, complémentaire de la première : la composition après la décomposition. « Toute la méthode, disait Descartes, consiste dans l'ordre et la disposition des choses vers lesquelles il est nécessaire de tourner son esprit pour découvrir quelque vérité. Nous la suivrons de point en point, si nous ramenons graduellement les propositions obscures et embarrassées à de plus simples, et si, partant de l'intuition des choses les plus faciles, nous tâchons de nous élever par les mêmes degrés à la connaissance de toutes les autres.[1] »

---

1. *Regul. ad direct. ingen.*, règle 4

En d'autres termes, toute science part d'une multiplicité donnée, abstraite ou concrète. Il s'agit de l'expliquer. L'expliquer, c'est savoir de quels éléments elle est faite, et comment ces éléments se combinent pour la composer; il faut découvrir les facteurs des choses et se représenter les combinaisons par lesquelles ils forment les choses. Après avoir réduit la multiplicité à l'unité, il faut de l'unité faire sortir la multiplicité. A l'analyse qui décompose, doit donc succéder la synthèse qui compose. Cette succession résulte du but même et de l'objet de la science. Par exemple, après avoir extrait d'un certain nombre de faits la loi de tous les faits semblables, l'esprit doit pouvoir se représenter la composition particulière de chacun d'eux. Ainsi, en combinant la loi de la chute des corps avec d'autres lois, nous déterminons la trajectoire d'un projectile, la hauteur de laquelle un corps de masse donnée doit tomber pour produire un travail mécanique défini.

En usage dans toutes les sciences, l'analyse et la synthèse n'y sont pas employées dans les mêmes proportions; l'une doit prédominer sur l'autre, selon que la réduction du composé au simple est plus aisée et plus rapide que la composition des conséquences.

L'analyse et la synthèse dans les sciences mathématiques. — Les démonstrations mathématiques sont tantôt analytiques, tantôt synthétiques : analytiques, pour découvrir la vérité cachée; synthétiques, pour transmettre et prouver à d'autres la vérité découverte. Les anciens géomètres donnaient de l'analyse et de la synthèse mathématiques les définitions suivantes :

« L'analyse est le chemin qui, partant de la chose demandée, que l'on accorde pour le moment, mène par une suite de conséquences à quelque chose de connu antérieurement ou mis au nombre des principes reconnus pour vrais : cette méthode nous fait donc remonter d'une vérité ou d'une proposition à ses antécédents, et nous la nommons *analyse* ou *résolution*, c'est-à-dire solution en sens inverse. Dans la synthèse, au contraire, nous partons de la proposition qui se trouve la dernière dans l'analyse ; déduisant ensuite d'après leur nature les antécédents qui plus haut se présentaient comme des conséquents et les combinant entre eux, nous arrivons au but cherché dont nous étions partis dans le premier cas. (Pappus, *Collections mathém.*, préface.)

Un géomètre contemporain, M. Chasles, a dit de même : « Il est en mathématiques une méthode pour la recherche de la vérité, que Platon passe pour avoir inventée, que Théon a nommée analyse, et qu'il a définie ainsi : regarder la chose cherchée comme si elle était donnée, et marcher de conséquence en conséquence jusqu'à ce qu'on reconnaisse comme vraie la chose cherchée. » (*Aperçu historique sur l'origine et le développement des méthodes en géométrie*, p. 5.)

Cette définition semble fort différente de celle que nous avons donnée de l'analyse. Montrons qu'au fond cette méthode de résolution est une véritable réduction d'une proposition complexe à des éléments plus simples.

Exemple de démonstration analytique. — Toute démonstration par voie d'analyse ou de réduction, consiste à ramener la question proposée à une question ou à plusieurs questions plus simples et plus générales déjà résolues. Soit, par exemple, à faire passer un cercle par trois points en ligne droite. En décomposant les données de la question, je vois qu'elle se réduit à trouver le centre du cercle inconnu. Or, comme les rayons d'un cercle sont égaux, il s'agit de trouver un point situé à égale distance de trois points en ligne droite ; un tel point n'existe pas. Le problème est donc insoluble.

Soit maintenant à faire passer un cercle par deux points. La question se réduit encore à trouver le centre du cercle inconnu. Je ramène la question proposée à la question suivante : Trouver un point situé à une égale distance de deux points donnés.

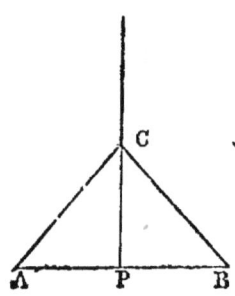

Soient les points A et B. Supposons que le problème soit résolu, et que C soit le centre cherché. CA = CB, comme rayons d'un même cercle. Je joins A et B ; je joins le point C au point P, milieu de AB. CP est perpendiculaire sur AB. Donc, pour trouver le centre du cercle passant par deux points donnés, il faut joindre ces deux points par une droite, élever une perpendiculaire sur le milieu de cette droite ; le centre du cercle cherché sera sur cette perpendiculaire, car tous les points de cette perpendiculaire sont à égale distance des points A et B. On voit, par suite, qu'une infinité de cercles remplissent la condition proposée. Dans ce cas, le problème est indéterminé.

Soit maintenant à faire passer un cercle par trois points non en ligne droite. « Soient

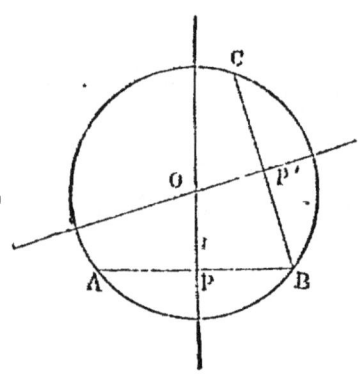

A, B, C, les trois points. J'analyse la question de la façon suivante. Si je néglige d'abord la condition que le cercle cherché passe par le point C, je ramènerai le problème posé à celui-ci : Faire passer un cercle par deux points. Ce n'est autre chose que le problème précédent, et la solution que nous en avons donnée nous apprend que le centre d'un cercle qui passe par A et par B se trouve quelque part sur la perpendiculaire OP élevée sur AB par le point P milieu de AB. — Si je néglige maintenant la condition que le cercle cherché passe par le point A, le problème se trouvera réduit à celui-ci : Faire passer un cercle par les deux points B et C. C'est encore le problème précédent, et nous savons que le centre d'un tel cercle se trouve sur la perpendiculaire OP' élevée en P' milieu de BC sur cette même ligne BC. Maintenant le centre du cercle cherché devant être à la fois sur OP et sur OP', ne pourra se trouver qu'au point O où les deux droites se coupent. Le problème n'a qu'une solution, car deux droites ne peuvent se couper qu'en un point : il est donc déterminé. »

Si maintenant nous considérons la méthode employée : « En négligeant une des conditions de l'énoncé, nous avons ramené la question posée à un problème indéterminé. Nous avons ensuite rétabli la condition d'abord omise et nous avons négligé une autre condition ; par là nous avons ramené notre problème à un autre problème indéterminé : les solutions communes aux deux problèmes indéterminés sont celles de la question posée[1]. »

L'analyse ou résolution est donc, en mathématiques, une réduction de la question posée à une ou plusieurs questions plus simples précédemment résolues; c'est une méthode essentiellement régressive, car les questions les plus simples sont les premières résolues.

Exemple de démonstration synthétique. — Si la méthode analytique consiste à découvrir, dans une question posée, les questions ou les propositions plus simples qui y sont engagées, inverse est la démonstration synthétique. Elle montre comment des principes donnés, des propositions démontrées, des questions résolues se combinent pour concourir à la solution d'une question proposée ; on

---

1. Charpentier, *Essai sur la méthode de Descartes*, p. 90, sqq.

comprend, par suite, qu'elle se propose, non pas de découvrir la vérité cachée, mais de démontrer la vérité découverte.

La démonstration du carré de l'hypoténuse citée dans un précédent chapitre est un exemple frappant de cette méthode : elle suppose la définition de l'hypoténuse du triangle rectangle, celle du carré, cette proposition qu'un rectangle donné peut être équivalent à un carré, cette autre qu'un carré et un rectangle peuvent être divisés en deux triangles égaux, cette troisième que deux triangles de même base et de même hauteur sont équivalents, etc. Pour démontrer que le carré de l'hypoténuse est égal à la somme des carrés des deux autres côtés, j'opère une série de substitutions à l'aide des éléments que je viens d'énumérer ; il y a là vraiment une composition graduelle, un passage du simple au composé, ce qui est l'essence de toute synthèse.

L'analyse et la synthèse dans les sciences expérimentales. — L'analyse et la synthèse sont au fond de toute expérience scientifique : ainsi le chimiste décompose l'eau par la pile en hydrogène et oxygène; il la compose, dans l'eudiomètre, en combinant des volumes déterminés de ces deux gaz ; — l'anatomiste décompose un être vivant en appareils, les appareils en organes, les organes en tissus, les tissus en cellules ; le physiologiste, par une voie inverse, détermine la fonction de chaque organite élémentaire, de chaque organe, de chaque appareil, et enfin de la machine vivante tout entière, et, par elle, il recherche comment se composent les actions des différents éléments distingués par l'analyse anatomique.

Mais d'une manière plus générale, la science expérimentale, toute différence d'objet mise de côté, est le produit d'une *analyse inductive* et d'une *synthèse déductive*.

Soit une loi, par exemple, la loi de la chute des corps : les corps abandonnés à eux-mêmes tombent vers le centre de la Terre avec une vitesse proportionnelle au temps écoulé depuis l'origine de la chute. C'est de l'observation des faits que ce rapport a été dégagé; mais l'observation passive de la nature n'aurait pu le découvrir; pour le mettre au jour, il a fallu expérimenter sur des phénomènes différents, en des milieux divers, dans des circonstances variées ; on a fait l'expérience avec des solides, avec des liquides, dans l'air et dans le vide, à des hauteurs et sous des pressions différentes. Chacune de ces expériences était une somme complexe de phénomènes, où l'élément à dégager était mêlé à d'autres éléments. Ces éléments étrangers, variables et accidentels, l'expérience les a éliminés et elle en a extrait l'élément essentiel et commun; elle a fait œuvre *analytique*. Mais si la formule obtenue énonce les résultats d'une analyse expérimentale, en même temps elle les dépasse. Toute loi est une proposition générale ; le rapport qu'elle exprime est vrai dans tout l'espace et dans le temps tout entier. L'expérience, si répétée qu'elle soit, est limitée dans l'espace et dans le temps. Pourtant nous ne laissons pas d'en étendre, par la pensée, les résultats à tout l'espace et à tout le temps. Nous ne disons pas : Jusqu'ici les corps abandonnés à eux-mêmes sont tombés vers le centre de la Terre; nous disons, sans aucune réserve de situation ou de durée, et parlant au présent, comme si notre formule était supérieure aux conditions particulières que l'espace et le temps imposent aux phénomènes : Tous les corps tombent vers le centre de la Terre. A l'analyse qui décompose les touts complexes donnés à l'observation et en isole les éléments divers, s'unit donc l'induction qui étend à l'espace et au temps tout entiers les résultats de l'analyse.

Mais, comme nous l'avons déjà vu, une fois en possession des éléments généraux des choses, il faut se représenter les combinaisons par lesquelles ils les forment. Avec l'unité tirée de la multiplicité, il faut composer la multiplicité; avec les lois extraites des phénomènes, il faut en quelque sorte créer les phénomènes particuliers. Cette opération, où il est facile de reconnaître la synthèse, telle que nous l'avons définie, est inverse de la première; elle part des propositions générales auxquelles celle-ci aboutissait, et aboutit à des propositions particulières semblables à celles d'où l'autre partait. A cette *synthèse* est unie la *déduction*, comme l'induction était tout à l'heure alliée à l'analyse.

En effet, la procédure des sciences expérimentales n'est pas exclusivement inductive. S'il est chimérique de rêver, comme l'ont fait Descartes et Hegel, une construction de la nature entièrement à priori, la déduction a une part dans les sciences de la nature. Si l'on ne devine pas les lois du monde extérieur, une fois trouvées par l'analyse inductive, on les applique. Et qu'est cette opération, sinon une déduction qui, prenant la loi pour prémisse, en fait sortir des conséquences applicables aux faits? Mais là n'est pas l'unique rôle de la déduction dans les sciences de la nature; elle y intervient encore à un autre titre, comme procédé de découverte. Le problème impliqué dans la recherche d'une loi est double; comme nous l'avons vu, il faut d'abord découvrir les conditions qui déterminent un phénomène donné, puis mesurer le rapport qui unit le déterminant et le déterminé. Le plus souvent, en biologie, en chimie, et même en physique, la première partie du problème peut seule être résolue; ainsi l'on sait que le suc pancréatique émulsionne les matières grasses dans l'intestin; mais on ignore quelle relation mathématique unit ces deux faits l'un à l'autre, et l'on ne peut par suite les soumettre au calcul. Au contraire, dans d'autres cas, on découvre tout à la fois la liaison d'un phénomène à son déterminant et l'expression mathématique de cette liaison. Alors la déduction n'a pas seulement pour objet d'appliquer aux phénomènes à venir la relation découverte; elle peut aboutir à la découverte des lois particulières que l'on ne soupçonnait pas auparavant. Ainsi de la loi de Newton, en faisant varier les termes sans en modifier le rapport essentiel, on eût pu déduire les lois de Képler et de Galilée. C'est bien là une synthèse, c'est-à-dire un passage du simple au composé; d'une loi générale aux cas moins généraux dont elle est un élément.

Par conséquent, pour terminer par une brève formule, on est autorisé à dire que la science expérimentale consiste essentiellement à *décomposer l'expérience présente* pour *composer l'expérience future*.

CHAPITRE XV

DÉFINITION ET CARACTÈRES PROPRES DES SCIENCES MORALES.

Des sciences physiques nous passons aux sciences morales. Que sont ces sciences? A s'en tenir rigoureusement au sens étymologique, les sciences morales seraient d'abord la morale proprement dite, et toute connaissance dérivée directement ou indirectement de la morale, comme on appelle *physique* toute science qui se rapporte à la *nature* extérieure. Cependant, dans l'acception courante, on désigne sous ce nom de sciences morales des connaissances qui n'ont avec la morale que des rapports lointains ou superficiels, par exemple : la psychologie, la logique, la science du langage et l'histoire. Cette indécision résulte de la constitution encore imparfaite des sciences morales.

On classe sous ce nom tout ce qui n'est ni mathématique, ni physique. Il y a cependant à ce rapprochement, sous un même titre, de choses aussi différentes par exemple que la logique et la politique, des raisons qu'il convient de rechercher. Si nous parvenons à les découvrir, nous aurons les éléments d'une définition ou tout au moins d'une description assez précise des sciences morales.

Énumérons d'abord les sciences d'ordinaire qualifiées de sciences morales, puis, éliminant les traits purement individuels de chacune d'elles, voyons si toutes ne présentent pas certains traits communs dont l'ensemble en constituerait l'essence et par suite la vraie définition.

C'est d'abord la psychologie, puis la logique, la morale proprement dite, la jurisprudence, l'économie politique, la science du langage, la science des religions, enfin l'histoire proprement dite. Si ce sont là des sciences, elles doivent toutes se proposer la découverte de lois, c'est-à-dire de rapports permanents et généraux entre des faits donnés. Il en est ainsi : la psychologie se propose de découvrir les lois des phénomènes conscients; la logique, les lois de la pensée en tant que pensée; la morale, la loi de la volonté libre; la jurisprudence détermine, d'après des principes posés et admis, les droits des hommes vivant en société; l'économie politique recherche les lois de la production, de la répartition et de la consommation de la richesse; la science du langage, les lois suivant lesquelles se forment et se développent les langues; la science des religions, les lois auxquelles obéissent les manifestations diverses du sentiment religieux ; enfin l'histoire aurait pour objet les lois d'après lesquelles s'enchaînent et se déterminent dans le temps les événements humains; de même que la politique serait la science des lois qu'il faut appliquer au gouvernement des hommes en vue d'amener des résultats déterminés.

Les sciences morales ont donc et doivent avoir pour objet la découverte de lois ; c'est là l'élément générique de leur définition, ce par quoi elles ressemblent aux sciences mathématiques et aux sciences physiques. Quel en est maintenant l'élément spécifique ? c'est-à-dire en quoi les sciences morales diffèrent-elles des sciences mathématiques et des sciences physiques ? Cette question est difficile à résoudre. En effet, les phénomènes entre lesquels les sciences morales cherchent à découvrir des rapports permanents et généraux sont d'espèces assez variées ; les uns n'ont rien de matériel, comme les phénomènes psychologiques, les idées qu'étudie la logique, les résolutions que doit régler la loi morale ; les autres, au contraire, renferment, avec un élément immatériel et interne, un élément matériel et extérieur ; les langues, par exemple, qui, bien que tenant à l'esprit, se manifestent par des phénomènes matériels, signes phonétiques et signes graphiques ; et les sentiments religieux qui, bien qu'émanant du fond de la conscience, se traduisent le plus souvent par des manifestations extérieures, prières, assemblées, sacrifices, rites, cérémonies du culte ; cette richesse qu'étudie l'économie politique, qu'est-elle de même, sinon quelque chose de matériel en soi, par ses origines et par ses conséquences ? Les événements historiques sont aussi en grande partie extérieurs à la conscience humaine ; ils sont des changements incessants dans les conditions auxquelles est soumise la vie de l'humanité ; guerres, traités de paix, voyages, découvertes, progrès de la civilisation, autant de phénomènes matériels qui entrent pour une grande part dans la trame de l'histoire. Il n'en est pas autrement de la politique, qui se rattache si intimement à l'histoire ; les faits de cet ordre ont bien pour origine les résolutions des chefs ou les impulsions des peuples ; mais les unes et les autres aboutissent toujours à des changements où entre quelque chose d'extérieur à l'âme et de matériel.

Mais tous ces faits, qu'ils soient immatériels ou mélangés de quelque élément matériel, ont un trait commun : ils sont tous, à des degrés divers, des manifestations ou des produits de l'activité tantôt inconsciente, tantôt consciente de l'homme. Si l'homme n'existait pas, ou s'il était simplement le spectateur inerte des choses, il y aurait toujours une mathématique et une physique, car les rapports des grandeurs et des phénomènes naturels existeraient toujours ; mais il n'y aurait pas de sciences morales ; l'homme verrait les choses s'accomplir hors de lui, sans y intervenir, sans y insérer rien de lui-même, sans produire, en un mot, quoi que ce soit. Il n'en est pas ainsi : l'homme pense et agit ; ses pensées, ses actions, et toutes les conséquences qui en découlent, voilà le champ des sciences morales. On peut donc les définir : les sciences qui ont pour objet de découvrir les lois des produits conscients ou inconscients de l'activité humaine. Par là elles sont nettement distinguées du groupe des sciences physiques et du groupe des sciences mathématiques.

Mais cette distinction est-elle bien réelle ? Sommes-nous vraiment en face d'un groupe original de sciences, ou bien d'une province détachée des sciences de la nature, dont les véritables origines se dissimuleraient sous des apparences superficielles ?

L'école positiviste a nié l'originalité des sciences morales pour ne voir en elles qu'un fragment de la science de la nature en général. A ses yeux, toute science est expérimentale et a pour objet de découvrir les lois de phénomènes objectifs ; les sciences diverses ne diffèrent pas entre elles en essence, mais seulement en degré, selon la complexité des phénomènes dont elles cherchent les lois ;

toutes ont affaire à la nature physique; seulement, comme les phénomènes présentent des degrés divers de composition, il y a lieu d'établir une hiérarchie entre les sciences différentes : à l'origine de la série, la mathématique, dont l'objet est la mesure des grandeurs, phénomènes plus simples que les phénomènes physiques; puis l'astronomie, dont l'objet est déjà plus complexe que celui des mathématiques ; après elle, la physique, plus complexe que l'astronomie; après la physique, la chimie plus complexe encore; après la chimie, la biologie, ou science de la vie ; enfin, après la biologie, la sociologie ou physique sociale, qui pose et résout les problèmes plus complexes encore de la vie sociale, science nouvelle d'après Auguste Comte, en laquelle viennent se fondre l'histoire, la politique et la plupart des anciennes sciences morales.

Le problème posé par Auguste Comte est de ceux que la logique ne peut résoudre avec ses propres ressources. Les sciences morales forment en effet un groupe indépendant des autres sciences, si les phénomènes dont elles cherchent les lois sont vraiment distincts des phénomènes de la nature physique. Or nous avons vu qu'ils sont les manifestations, tantôt conscientes, tantôt inconscientes, de l'activité humaine. La question revient donc à celle de savoir si l'activité humaine est réductible aux forces physiques, ou si elle est au contraire une source indépendante, originale d'action? Ainsi traduit, le problème a des aspects métaphysiques; nous les négligerons, pour nous attacher exclusivement à ce qu'il a de scientifique et de positif.

La thèse d'Auguste Comte a pour elle, nous ne le contesterons pas, un certain nombre d'analogies scientifiques. Longtemps on a cru que les différentes espèces des phénomènes naturels étaient autant de provinces séparées et sans communication; les phénomènes physiques paraissent ne pouvoir se réduire aux phénomènes mécaniques; les phénomènes chimiques semblaient d'une nature toute spéciale; plus encore les phénomènes vitaux, que l'on attribuait à des forces où n'entrait rien de physique, de mécanique et de chimique. Mais ces distinctions, en apparence fondamentales, se sont évanouies; ces barrières, semblait-il, infranchissables, se sont abaissées, on a fini par découvrir dans la mécanique, dans la physique et dans la chimie, un fonds commun et l'unité de composition du monde physique, longtemps voilée sous la complexité des faits, est enfin apparue. Pourquoi, dès lors, les phénomènes moraux ne se réduiraient-ils pas à leur tour à l'unité qu'ont subie tour à tour les phénomènes physiques, les phénomènes chimiques et les phénomènes vitaux? La distinction des phénomènes moraux et des phénomènes de la nature physique n'est-elle pas une barrière artificielle qui doit tomber à son tour? Les prétendus phénomènes moraux n'ont-ils pas avec les phénomènes physiques des mitoyennetés et des affinités qui décèlent une même composition fondamentale?

Ainsi posée, et elle ne peut l'être autrement en s'en tenant au point de vue scientifique et positif, la question est une question de fait. En fait, y a-t-il distinction radicale entre les phénomènes physiques et les phénomènes conscients? La réponse n'est pas douteuse. Les phénomènes que l'homme rapporte à son activité propre sont marqués par un signe spécial : la conscience, qui n'a pas d'analogue dans les phénomènes physiques. Une sensation agréable ou pénible peut être provoquée par une vibration mécanique; mais on ne saurait dire que la vibration mécanique est devenue une sensation agréable ou pénible; entre la vibration et la sensation qui la suit, il n'y a rien de commun; la vibration ne contient rien qui puisse se transformer en sensation consciente. On comprend que de la chaleur devienne mouvement et du mouvement de la chaleur, car la chaleur est objectivement un mouvement vibratoire ; dans la chaleur on retrouve, en une combinaison nouvelle, les éléments rencontrés dans le mouvement. Rien de semblable au passage du mouvement à la sensation ; la succession de ces deux faits si constante qu'elle puisse être, ne décèle pas entre eux une essence commune ; avec la conscience apparaît quelque chose d'entièrement nouveau, dont nous ne pouvons retrouver les secrètes origines dans les mouvements extérieurs. La science n'a pas le droit d'identifier les phénomènes conscients et les autres ; seule une métaphysique aventureuse le fait au nom de principes qui ne sont pas révélés par l'expérience.

Il est si vrai que l'activité interne de l'homme n'est pas un dérivé des activités physiques, qu'elle a précisément pour effet de faire succéder des sensations d'espèces variées à des impressions toutes mécaniques dans leurs origines physiques. Les excitants de notre sensibilité se réduisent tous au mouvement. Comment se fait-il alors que le mouvement nous apparaisse tantôt comme chaleur, tantôt comme couleurs, tantôt comme sons, etc..., si l'on n'admet pas en nous une activité qui réagit sur les actions extérieures, et y mêle son action ?

Il y a donc place dans l'ensemble des sciences pour un groupe de sciences distinctes des sciences mathématiques et des sciences physiques. Comme l'a dit Stuart Mill : « L'antécédent immédiat de la sensation est un état du corps, mais la sensation elle-même est un état de l'esprit. Si le mot *esprit* signifie quelque chose, il signifie ce qui sent. Quelque opinion que l'on adopte sur l'identité ou la diversité fondamentale de la matière et de l'esprit, la distinction des faits mentaux et des faits physiques, du monde interne et du monde externe, subsistera toujours comme base d'une classification[1]. »

Il y a donc tout un groupe de faits distincts des phénomènes physiques pour donner naissance à un groupe indépendant de sciences.

CHAPITRE XVI

POSSIBILITÉ DES SCIENCES MORALES

Nous avons assigné pour objet aux sciences morales la découverte des lois des produits conscients ou inconscients de l'activité humaine. Mais n'est-ce pas déclarer en les définissant qu'elles sont impossibles? Toute loi est en effet un rapport constant et invariable entre des faits? Peut-il exister de tels rapports entre les phénomènes internes? De tels rapports n'impliquent-ils pas en effet la nécessité, et l'un des traits caractéristiques de l'activité humaine n'est-il pas précisément la liberté? Qu'il y ait entre certains phénomènes intérieurs des liaisons constantes de succession, on ne le nie pas. Mais ces liaisons sont-elles invariables? Tout phénomène interne est-il déterminé par un antécédent constant? Peut-on prédire à coup sûr l'ordre de ces phénomènes? Sommes-nous assurés que quelque produit imprévu, surgissant librement de la source intérieure, ne viendra pas s'insérer sans antécédent dans la trame des phénomènes, rompre l'ordre de nos prévisions et déjouer nos calculs? L'essence d'un fait libre, c'est précisément de se produire sans antécédent dé-

1. *Log.*, liv. VI, chap. IV.

terminé, d'apparaître dans la suite des faits où il prend place, sans avoir été appelé à l'existence par les faits antérieurs. Or la science ne saurait s'accommoder de pareilles surprises; partout elle veut des lois, c'est-à-dire des rapports fixes et immuables, et la possibilité d'un seul fait dérogeant à la loi suffit pour la mettre en échec et frapper de suspicion toutes ses découvertes. Comment s'y fier, en effet, si une puissance incoercible peut émettre ainsi des faits en opposition à cette règle universelle qui lie chaque phénomène à un antécédent déterminé.

Cette difficulté, on le voit aisément, tient en suspens la plupart des sciences morales. Certes, que les résolutions de l'homme soient libres, il y aura toujours une logique, car les idées s'enchaînent suivant des rapports nécessaires; il y aura toujours une psychologie au moins partielle; car parmi les phénomènes psychiques il en est, les sensations par exemple, dont on ne saurait contester la dépendance constante à des antécédents déterminés; il y aura toujours une morale, car l'essence de la morale est de supposer la liberté humaine et de prescrire la règle que cette liberté réglée par la raison doit s'imposer à elle-même; il y aura de même une jurisprudence, car la jurisprudence tire ses conséquences des règles posées par les hommes; mais que deviendra l'histoire, laquelle, comme nous le verrons plus loin, se mêle à presque toutes les autres sciences morales? Elle devra se borner à enregistrer les faits passés, sans essayer de découvrir entre eux autre chose qu'un ordre de faits et sans pouvoir espérer en tirer des enseignements positifs pour l'avenir; elle sera ainsi l'expérience stérile de l'humanité. Que deviendra la politique, sinon un art empirique, sans règles certaines, sans principes assurés, forcé de changer incessamment de procédés au hasard des manifestations irrationnelles de la liberté?

Le fait de la liberté est-il donc incompatible avec la constitution de sciences ayant pour objet les produits mêmes de l'activité humaine ?

Il importe de dégager la question de toute considération métaphysique. Nous n'avons pas ici à nous demander si la liberté est possible ou impossible ; nous n'avons pas davantage à prendre parti en faveur de tel ou tel système pour ou contre la liberté ; nous n'avons pas non plus à résoudre l'antinomie de la liberté et de la nécessité universelle ; l'homme se croit et se sent libre. Comment ce fait est-il conciliable avec la constitution de sciences qui auraient précisément pour objet de déterminer les lois suivant lesquelles doit se manifester l'activité humaine ?

Certains auteurs ont pensé résoudre la question en déclarant que cette croyance à la liberté est une illusion ; qu'en fait rien n'apparaît dans la conscience qui ne soit déterminé par un antécédent invariable. Faire cette réponse, c'est trancher la question et non pas la résoudre. Il faut partir de ce fait que l'homme croit à sa liberté, c'est-à-dire s'attribue le pouvoir de produire des actes qui n'ont pas leur raison d'être dans les actes antérieurs.

L'homme croit à sa liberté, mais cette liberté qu'il s'attribue n'est pas une liberté d'indifférence, agissant au hasard, capricieusement, arbitrairement, sans raison. Tous les actes raisonnables ont, comme leur nom même l'indique, des raisons ou des motifs. La liberté c'est précisément le pouvoir de se créer à soi-même des motifs d'action qui ne sont pas imposés par les circonstances extérieures ou par les circonstances antérieures. Nos actes viennent de notre caractère ; mais si notre caractère comprend des tendances qui viennent les unes de l'hérédité, les autres de l'éducation, celles-ci du sang d'où nous descendons, celles-là du milieu où nous avons vécu, s'il dépend aussi en partie de notre organisation physique, de notre force ou de notre faiblesse musculaire, nul ne contestera que nous pouvons agir sur notre caractère, réagir contre ces tendances qui semblent commander nos actes et les amener fatalement. Nous sommes faits en grande partie par la nature ; mais cette fatalité n'est pas inéluctable ; nous pouvons nous refaire, en introduisant dans la trame de nos actions de nouveaux motifs d'action. La nature m'a fait paresseux ; je puis réagir et travailler ; mon éducation a été égoïste ; je puis réagir et devenir généreux. En un mot, notre caractère peut être notre œuvre, soit que nous laissions volontairement cours à nos tendances héréditaires et à nos tendances acquises, soit que nous les ayons combattues et domptées pour y substituer, par le fait de notre libre vouloir, d'autres motifs d'action auxquels nous obéissons désormais. On peut donc, étant donnée la connaissance du caractère d'un homme, prévoir et prédire ce qu'il fera dans une circonstance donnée. On sait quels actes le trait dominant de son caractère déterminera ; on sait par exemple qu'un avare et un prodigue agiront de façons opposées dans la même circonstance ; on sait qu'un héros affrontera le danger et qu'un lâche le fuira. La prévision des actes humains ne semble donc pas incompatible avec la liberté, puisqu'elle prend pour point de départ des motifs d'action librement acceptés ou voulus, en un mot un caractère donné qui peut être en partie le produit de la liberté.

Ce qui est vrai de chaque individu humain pris à part, l'est aussi de l'ensemble de ces individus. Le cours de l'histoire est le résultat des impulsions et des raisons humaines ; les actions des hommes, considérées en masse, sont le résultat combiné des lois générales, des circonstances particulières de temps et de lieu, et des circonstances plus spéciales encore, propres à chaque individu ; il n'y a entre les phénomènes dont la suite constitue la vie de l'humanité tout entière, ou la vie d'une nation donnée, aucune liaison mystérieuse, aucune fatalité absolue ; la liberté y intervient, car elle intervient ou peut intervenir dans chaque individu, puisqu'au nombre des circonstances qui forment les caractères, il faut compter les efforts volontaires et conscients de l'individu lui-même. Et comme le nombre des circonstances générales et des circonstances individuelles, si grand qu'il puisse être, n'est pas infini, comme le nombre des partis qui s'ouvrent devant les libertés individuelles est limité, à prendre les actions humaines en grandes masses, on peut être assuré d'y trouver à peu près toutes les combinaisons possibles de ces deux ordres de circonstances, du mélange desquelles sont sorties ces actions. Par suite on doit pouvoir dégager de la multitude des faits un certain ordre, qui n'est pas comparable sans doute à l'ordre mathématique, ni même à l'ordre de la nature physique, mais qui suffit cependant à asseoir des prévisions plus rationnelles que celles d'un étroit et vulgaire empirisme.

Les faits confirment cette façon de voir : « Les événements mêmes qui, par leur nature, paraissent les plus capricieux et les plus incertains, et qu'aucune science possible ne nous permettrait de prévoir dans un cas particulier, se présentent, quand on les prend en grand nombre, avec une régularité presque mathématique. Est-il un acte qui, pour l'universalité des hommes, soit plus complètement dépendant du caractère individuel et du libre arbitre que le meurtre d'un de nos semblables ? Cependant, dans tout grand pays, le nombre des assassinats, en proportion de la population, varie très peu (on l'a constaté) d'une année à l'autre, et dans ses variations ne s'écarte jamais beaucoup d'une certaine moyenne. Et, ce qui est encore plus remarquable, la même régularité se rencontre dans la proportion des meurtres commis annuellement avec telle ou telle espèce d'instruments. Et de même encore, entre une année et une autre, pour le nombre comparatif des naissances légitimes et illégitimes; pour les suicides, les accidents et tous les autres phénomènes sociaux dont l'enregistrement est fait exactement. L'un des exemples les plus curieux est ce fait constaté par les registres des bureaux de poste de Londres et de Paris, que le nombre des lettres jetées à la poste auxquelles on a oublié de mettre l'adresse est chaque année à peu près dans la même proportion avec le nombre des lettres déposées. D'année en année, dit M. Buckle, un même nombre de personnes oublient cette formalité si simple; en sorte que nous pouvons actuellement prédire le nombre de personnes qui dans les années à venir manqueront de mémoire pour cet incident insignifiant et, à ce qu'on pourrait croire, tout à fait fortuit. »

Toutefois les assurances pratiques qui résultent des considérations précédentes demeurent affectées d'un coefficient d'incertitude impossible à éliminer. Il faut toujours compter avec l'imprévu de la liberté; bien qu'elle ait le plus souvent pour effet d'introduire dans les caractères un élément de stabilité, une règle permanente d'action, elle peut tenir en réserve des surprises de nature à dérouter toute prévision. Aussi les assurances données par les sciences morales, par celles du moins qui ont affaire aux résolutions de la volonté, sont-elles toujours conjecturales; ce ne sont pas des lois fermes pour ainsi dire, mais des lois toujours sujettes à la réserve qui naît de la liberté.

« En admettant la vérité de cette loi, toute action humaine, tout meurtre, par exemple, est le résultat combiné de deux groupes de causes : d'une part, les circonstances générales du pays et des habitants, les influences morales, économiques et d'éducation, et toutes celles qui s'exercent sur le peuple entier et constituent ce que nous appelons l'état de civilisation ; d'autre part, la grande variété d'influences spéciales à l'individu, son tempérament et les autres particularités de son organisation, sa parenté, ses relations habituelles, les entraînements auxquels il est exposé, et ainsi du reste. Si maintenant nous prenons tous les cas qui se produisent sur une échelle assez grande pour épuiser toutes les combinaisons possibles de ces influences spéciales, ou, en d'autres termes, pour exclure le hasard, et si tous ces cas sont renfermés dans des limites de temps assez étroites pour qu'aucun changement considérable n'ait pu avoir lieu dans les influences générales constituant l'état de civilisation du pays, nous pouvons être certains que, si les actions humaines sont gouvernées par des lois invariables, le résultat collectif sera quelque chose d'approchant d'une quantité constante. Le nombre de meurtres commis dans ce pays et dans ce temps étant l'effet, en partie, de causes générales qui n'ont pas varié, et, en partie, de causes partielles qui ont parcouru le cercle de leurs variations, sera, pratiquement parlant, invariable [1]. »

1. Stuart Mill. *Log.*, liv. VI, chap. xi.

CHAPITRE XVII

MÉTHODE DES SCIENCES MORALES.

Si l'originalité des sciences morales, considérées comme l'étude des manifestations conscientes et inconscientes de l'activité humaine, est incontestable, en revanche on ne peut méconnaître l'état d'imperfection relative où elles sont encore. Les premiers historiens sont presque contemporains des premiers mathématiciens ; quelle distance pourtant entre l'état des sciences mathématiques et celui de la science historique ! On ne discute plus sur la différence de l'algèbre et de la géométrie, sur l'objet propre de la physique et de la chimie ; par suite, dans toutes ces sciences, les questions générales de méthode sont définitivement résolues ; la méthode déductive est définitivement attribuée aux mathématiques, et la méthode expérimentale aux sciences physiques. Il est loin d'en être ainsi pour les sciences morales ; là les principes ne sont pas encore nettement établis ; les objets ne sont pas rigoureusement fixés ; les bases ne sont pas solidement assises ; les frontières ne sont pas rigoureusement délimitées ; par suite on n'est pas sans incertitude sur les méthodes à suivre. On s'entend en gros sur les objets des sciences morales ; mais quand il faut en venir aux précisions qu'exigent les questions de méthode, on se trouve en présence de façons de voir opposées, et partant de divergences parfois profondes sur les méthodes qu'il convient d'employer.

En veut-on des exemples ? — Rien peut-il sembler de plus facile à déterminer que l'objet de la psychologie ; c'est, comme le mot l'indique, la science de l'âme. Mais prenez cette définition vague et vous en verrez surgir des doctrines fort différentes. Pour les uns, la science de l'âme est la science d'une substance distincte de la substance matérielle, et de ses manifestations. Pour les autres, c'est uniquement la science des phénomènes conscients, en dehors de toute recherche métaphysique sur une substance spirituelle ; pour ceux-ci, les lois que doit rechercher la psychologie sont celles qui lient les phénomènes conscients à leurs antécédents physiques et organiques ; pour ceux-là, ce doivent être en outre les lois qui lient l'état présent de l'espèce humaine aux formes inférieures d'où elle est progressivement sortie par voie d'évolution. Selon qu'on adopte l'une ou l'autre de ces formules, on s'astreint, on le comprend, à des méthodes différentes. Dans le premier cas, la psychologie devra recourir, outre l'observation des phénomènes conscients, à une *intuition* plus profonde, celle de la substance pensante, intuition qui n'a pas d'analogue dans les méthodes expérimentales, lesquelles n'atteignent rien au delà des phénomènes ; dans le second, l'observation pure et simple des phénomènes conscients par la conscience sera seule de mise ; dans le troisième, il faudra y joindre l'expérimentation physique avec ses procédés auxiliaires de mesure et de calcul ; dans le dernier enfin, il faudra faire appel aux méthodes comparatives, rapprochant de l'homme civilisé les races sauvages et même les espèces animales, pour tirer de ces comparaisons quelque lumière sur les états passés de l'humanité et sur la loi suivant laquelle elle se transforme.

Il n'en est pas autrement, à des degrés variables, des autres sciences morales. La logique a pu sembler pendant longtemps aussi nettement définie et aussi solidement établie que les mathématiques. Nous avons vu cependant dans ce temps-ci sa définition contestée et ses fondements battus en brèche. On a contesté qu'elle fût la science des lois formelles de la pensée en tant que pensée, et on en a donné une autre formule, la science des lois de la preuve, lui enlevant ainsi ce qui en avait fait le caractère essentiel pendant de longs siècles.

Que dire de la politique ? Est-il une branche des sciences morales où l'on soit moins d'accord sur le but de la recherche et par suite sur les moyens à employer pour l'atteindre ? Pour les uns, les règles du gouvernement des hommes sont tout idéales ; elles se formulent à priori, comme les axiomes mathématiques, et l'œuvre des gouvernants doit être d'appliquer ces règles aux sociétés, comme l'arpenteur applique à son art des règles dérivées de la géométrie pure. Pour les autres, les sociétés portent en elles-mêmes les lois auxquelles elles obéissent, et elles les révèlent elles-mêmes en se développant ; dès lors la science politique, sans renoncer à poser un idéal à l'activité humaine, doit tendre à dégager les lois sociales et historiques des faits où elles se sont manifestées, et tenir compte des milieux, des circonstances, des préjugés et des passions. Chacune de ces conceptions entraîne une méthode différente : dans un cas, la politique, envisagée comme science, procédera par la méthode déductive ; elle posera des principes généraux desquels elle fera dériver des conséquences applicables à tel ou tel ensemble de faits donnés ; dans l'autre cas, au contraire, elle fera usage de la méthode d'observation, et de l'induction, s'efforçant de discerner dans la suite et dans l'ensemble des événements humains des antécédents et des conséquents liés les uns aux autres par un ordre constant de détermination ; ce sera tantôt une politique mathématique ou à priori, tantôt une politique expérimentale ou positive.

On le voit, sans qu'il soit besoin d'insister davantage et de produire de nouveaux exemples, la détermination de la méthode à suivre dans telle ou telle science morale suppose un parti pris sur l'objet et les limites de cette science en particulier. En traitant des méthodes dans les sciences morales nous sommes donc forcés de nous en tenir à des généralités sommaires. La méthode sera l'observation lorsqu'il s'agira de découvrir les lois de faits donnés ; elle sera la déduction lorsqu'il s'agira au contraire de tirer des conséquences de principes généraux ; le plus souvent ces deux méthodes se mêleront l'une à l'autre en proportions variables, et presque partout une large place restera ouverte aux conjectures vraisemblables et aux hypothèses.

Ce qui augmente encore les incertitudes et les difficultés, c'est la façon dont se pénètrent le plus souvent, sans frontières nettement définies, la plupart des sciences morales. Par exemple, la politique peut-elle se passer de recourir à la psychologie? Comment prétendre déterminer les règles du gouvernement des hommes sans une connaissance sérieuse des ressorts qui mettent en mouvement les activités humaines. Mais, dira-t-on, ce n'est pas là, à proprement parler, une indétermination de frontières ; la politique fait des emprunts à la psychologie sans se confondre avec elle ; l'une demeure la science des phénomènes psychiques, l'autre la science des règles du gouvernement des hommes en société. Sans doute, mais on ne saurait cependant contester que de là résulte une complexité bien peu favorable à une détermination et à une description précises des méthodes à suivre dans la science politique.

Voici d'ailleurs un exemple plus concluant. L'histoire s'est incorporée aujourd'hui, comme facteur essentiel, à la plupart des sciences morales. N'est-ce pas au fond une histoire que cette psychologie évolutionniste, aux yeux de laquelle l'état présent des races civilisées est l'aboutissant d'un long passé de lentes transformations successives ?

La science des religions n'est-elle pas un fragment détaché de l'histoire générale ? La psychologie ne s'y rattache-t-elle pas aussi par les liens les plus étroits ? Le philologue recherche les lois suivant lesquelles s'assemblent les divers matériaux du langage ; mais ces matériaux ne sont pas des éléments inertes ; ils font partie d'organismes qui vivent ou qui ont vécu, et qui, comme tous les organismes, se sont développés par évolution. Un des problèmes les plus intéressants et les plus importants de la philologie scientifique, est précisément de découvrir les premiers éléments des langues, d'en déterminer les affinités, d'en suivre le développement et l'évolution. Qu'est tout cela, si ce n'est de l'histoire ? L'histoire n'est-elle pas aussi au cœur même de la science politique ? Pour trouver les règles qui régissent les sociétés, peut-on les considérer comme des faits qui viendraient de surgir tout à coup du néant, sans antécédents, sans origines, et ne faut-il pas les considérer comme le produit de tous les états antérieurs qu'elles ont traversés, c'est-à-dire comme la résultante de leur propre histoire ? La science elle-même du droit positif fait de fréquents appels à l'histoire pour s'éclairer sur les origines et les transformations du droit. L'idée d'évolution est passée du domaine des sciences de la vie dans celui de la plupart des sciences morales. Elle y fait pénétrer avec elle les recherches historiques et leur méthode. L'intérêt qui s'attache à la détermination de cette méthode n'est donc pas limité à une branche spéciale des sciences morales.

CHAPITRE XVIII

LA MÉTHODE HISTORIQUE.

L'histoire envisagée comme science est la recherche des lois qui régissent les actions collectives du genre humain, et les divers phénomènes constitutifs de la vie sociale. Elle implique deux ordres de recherches, qu'Auguste Comte appelait la *statique* sociale et la *dynamique* sociale, par un heureux emploi de termes familiers à la mécanique.

Le problème général de la statique sociale peut se formuler ainsi : Étant données certaines conditions sociales, quel effet y produira l'action d'une cause donnée? Par exemple, étant donné l'état actuel de la société française, quels effets y produirait la séparation des Églises et de l'État? — Le problème général de la dynamique sociale est différent. On peut le poser dans les termes suivants : Quelles sont les lois qui déterminent un état défini de société; par exemple, de quelles causes est résulté l'état présent de la société française ? C'est là le problème historique par excellence, celui qui, résolu, permettrait de prévoir, autant qu'ils peuvent l'être, les événements humains, et par suite d'en modifier le cours, comme on prévoit les événements physiques.

Par quelle méthode doit-on poursuivre la solution de ces problèmes ? — Pour se rendre compte de la difficulté extrême que présente cette question, il convient de bien comprendre tout d'abord ce qu'on entend par état de société. « Ce qu'on appelle un état de société, dit Stuart Mill, est l'existence simultanée de tous les faits ou phénomènes sociaux les plus importants. Tels sont le degré d'instruction et de culture intellectuelle et morale dans la communauté et dans chacune de ses classes ; l'état de l'industrie, celui de la richesse et sa distribution, les occupations habituelles de la nation, sa division en classes et les relations de ces classes entre elles, les croyances communes sur les sujets de première importance pour le genre humain et le degré de force et d'autorité de ces croyances, le goût général, ainsi que le caractère et le degré du développement esthétique, la forme du gouvernement, les lois et coutumes les plus importantes, etc. La condition de toutes ces choses, et de bien d'autres qui s'offriront d'elles-mêmes à l'esprit, constitue l'état de société, ou l'état de civilisation à une époque donnée[1]. »

Voilà les phénomènes complexes dont la science historique a pour but de déterminer les lois. Elle ne saurait y parvenir que par l'observation des faits. Un état donné de société est un ensemble de faits ; il succède à un état de société antérieurement donné, c'est-à-dire à un ensemble de faits antérieurs. L'histoire est donc et ne peut être qu'une science d'observation. Il s'agit pour elle de découvrir entre les divers états de société passés ou présents, dont nous pouvons avoir connaissance, des uniformités de coexistence et des uniformités de succession.

Le problème ainsi posé pourra paraître analogue à celui des sciences de la nature physique, réserve faite pour l'action toujours possible de la liberté. Ces sciences ne se proposent-elles pas, elles aussi, de découvrir entre des faits donnés des types généraux de coexistence et de succession, et ne pourrait-on pas croire que la science historique doit emprunter, *mutatis mutandis*, leurs procédés d'investigation aux sciences de la nature ?

Ce serait une vue erronée. En premier lieu, l'expérimentation proprement dite est interdite à l'historien. Le

---

1. *Système de Logique*, liv. VI, ch. IX.

physicien modifie à son gré, dans une certaine limite, les faits de la nature ; il en change les conditions, les circonstances ; il les produit, il les supprime, il les fait varier. Rien de semblable n'est possible à l'historien. Il n'est pas en son pouvoir d'introduire des éléments nouveaux, des circonstances nouvelles dans cet ensemble de faits qui constitue un état social donné ; il lui faut les prendre et les considérer comme des données sur lesquelles il n'a pas de prise.

Pourra-t-il du moins, en se bornant à l'observation des faits, se servir de méthodes de découverte analogues à celles qui sont d'un si fécond emploi dans les sciences de la nature ?

Laissons parler Stuart Mill. L'historien pourra-t-il se servir de la *méthode de différence ?*

« Pour cela, il faudrait trouver deux cas qui concordent en tout, excepté dans la particularité qui est le sujet même de la recherche. Qu'on trouve deux nations semblables sous le rapport de tous les genres d'avantages et de désavantages naturels, dont les populations se ressemblent par toutes leurs qualités physiques et morales, naturelles et acquises, dont les coutumes, les opinions, les lois, les usages et les institutions sont les mêmes à tous les égards, hormis cette seule différence que l'une d'elles, par exemple, a un tarif plus protecteur, ou met de toute autre manière plus d'entraves à la liberté de l'industrie ; si l'une de ces nations se trouve riche et l'autre pauvre, ou si seulement l'une est plus riche que l'autre, ce sera là une preuve expérimentale réelle qui permettra de décider lequel des deux systèmes est le plus favorable à la richesse nationale. Mais la supposition que deux cas de ce genre puissent se rencontrer est manifestement absurde. Un pareil concours n'est pas possible, même au point de vue abstrait. Deux nations qui concorderaient en tout, excepté dans leur politique commerciale, concorderaient aussi en cela. »

La *méthode indirecte de différence* n'est pas applicable. « Cette méthode, au lieu de deux cas différant seulement par la présence ou l'absence d'une circonstance donnée, compare deux *classes* de cas qui ne concordent respectivement que par la présence d'une circonstance dans une classe et son absence dans l'autre. Pour prendre le cas le plus favorable qu'on puisse concevoir (et il l'est beaucoup trop pour pouvoir être jamais réalisé), supposons que nous comparions une nation dont la politique commerciale est restrictive, à deux nations ou plus qui concordent seulement en ce qu'elles permettent le libre échange;... on pourrait en conclure que si ces nations restent plus pauvres que la nation à système restrictif, ce ne peut être faute du premier ni du second groupe de circonstances, mais faute d'un système protecteur...

Mais pourquoi la nation qui a prospéré ne devrait-elle sa prospérité qu'à une seule cause? La prospérité nationale est toujours le résultat collectif d'une foule de circonstances favorables. La nation qui pratique le système restrictif peut en réunir un plus grand nombre qu'aucune des deux autres, quoique toutes ces circonstances puissent d'ailleurs lui être communes avec l'une ou l'autre d'entre elles. »

La *méthode de concordance* sera-t-elle plus de mise? — « Supposons que l'observateur fasse la plus heureuse rencontre que puisse amener une combinaison de hasards favorables; qu'il trouve deux nations qui ne concordent en aucune particularité, si ce n'est qu'elles pratiquent le système prohibitif et qu'elles sont prospères... Nous ne nous arrêterons pas à l'impossibilité de constater par l'histoire, ou même par l'observation contemporaine, qu'il en est réellement ainsi... Jusqu'à quel point peut-on présumer de là que le système prohibitif est la cause de la prospérité? La présomption est si faible qu'elle se réduit à rien. Pour être autorisés à inférer qu'un antécédent est la cause d'un effet donné, par cela que tous les autres antécédents ont été reconnus susceptibles d'être éliminés, il faut que l'effet ne puisse avoir qu'une cause. Or c'est loin d'être le cas des phénomènes politiques et sociaux. »

Reste la *méthode des variations concomitantes*. Elle donne lieu à de semblables objections. « Si les causes qui agissent sur l'état d'une société produisaient des effets d'une nature tout à fait différente; si la richesse dépendait d'une cause, la paix d'une autre; si le peuple était vertueux par une troisième cause, intelligent par une quatrième, nous pourrions, sans être d'ailleurs en état de séparer les causes l'une de l'autre, rapporter à chacune d'elles la propriété de l'effet qui augmenterait quand la cause augmenterait, et diminuerait quand elle diminuerait. Mais chaque attribut du corps social est soumis à l'influence de causes innombrables, et telle est l'action mutuelle des éléments coexistants de la société, que tout ce qui affecte l'un des plus importants d'entre eux affectera par cela seul tous les autres, sinon directement, du moins indirectement. Par conséquent, les variations de l'ensemble ne peuvent présenter une proportion uniforme avec celles d'une quelconque de ses parties constituantes[1]. »

Ce qui fait la difficulté du problème, c'est le nombre et la complexité des causes qui concourent à la production d'un phénomène social déterminé, et la réaction constante de ces phénomènes les uns sur les autres. Il suffit de se rappeler les éléments variés contenus dans la description de ce que nous avons appelé un état social, et encore la

---

1. *Système de Logique*, liv. VI, chap. VII.

liste en est-elle incomplète, pour voir combien est compliqué le jeu des causes et par suite combien est difficile la détermination des effets dans cet ordre de phénomènes ; circonstances de temps, de lieu, de milieu, de législation, de situation économique, passions individuelles, préjugés individuels, tempéraments individuels, initiatives individuelles, réaction de tous ces éléments les uns sur les autres, comment démêler et discerner avec précision la part que chacun de ces éléments a sur la production des phénomènes sociaux ? Il le faudrait cependant, pour que les lois, objet des recherches historiques, eussent le caractère et la portée de lois vraiment scientifiques.

La vérité, c'est que les lois historiques, bien que dérivées de l'observation des faits, sont toujours des généralisations empiriques : le champ de l'expérience historique est trop limité ; si vaste qu'il puisse être, il présente trop de lacunes, il garde trop de secrets, il offre une trop grande multiplicité et une trop grande variété de faits pour fournir à l'induction des bases bien assurées ; les généralisations de l'histoire sont toujours sujettes à caution. Le seul moyen de les affermir, c'est, comme l'a vu Stuart Mill, de les rattacher déductivement aux lois de la nature humaine en général. Une loi historique qui paraîtra non seulement la généralisation de faits incontestés, mais une conséquence des lois de la nature humaine, aura un haut degré de probabilité, car, qu'il soit considéré seul, ou qu'il soit considéré en masse, l'homme est toujours l'homme ; il agit conformément aux lois de sa nature et l'histoire n'est en définitive que le produit le plus complexe de son activité.

LIVRE III

LES SOPHISMES

CHAPITRE PREMIER

DES SOPHISMES EN GÉNÉRAL.

Puisque la logique est la science des lois de la pensée en tant que pensée, elle doit montrer tout à la fois comment on raisonne bien et comment on raisonne mal, c'est-à-dire quels sont les raisonnements conformes aux lois de la pensée et par suite corrects et légitimes, et quels sont les raisonnements contraires à ces lois, et par suite incorrects et illégitimes.

L'esprit humain n'est pas infaillible; il se trompe. La logique n'a pas à rechercher les causes de nos erreurs; cette question est du domaine de la psychologie et de la métaphysique, mais elle doit décrire les *formes* de l'erreur.

Il ne faut pas confondre l'erreur en elle-même ou l'opinion fausse avec le raisonnement qui l'a produite. C'est par exemple une erreur que de croire à l'influence néfaste du nombre 13; la logique n'a pas à la combattre, mais il lui appartient de montrer que cette opinion fausse est née d'un raisonnement illégitime; ainsi une fois on était 13 à table : un des convives est mort dans l'année; une autre fois, on s'est mis en voyage un 13 : le train où l'on était a déraillé; de ces deux faits on a conclu d'une façon illégitime que le nombre 13 avait sur les événements humains une influence pernicieuse. Voilà les raisonnements illégitimes dont la logique recherche les vices, décrit les formes et classe les espèces, moins par curiosité spéculative que pour mettre l'esprit humain en garde contre les défaillances inhérentes à sa nature.

A ce point de vue pratique, la théorie des raisonnements vicieux n'a guère moins d'importance que celle des bons raisonnements; si le meilleur moyen de prémunir l'esprit contre les mauvais raisonnements est de l'habituer à raisonner juste, il n'est pas inutile de lui apprendre à démêler avec rapidité et sûreté les vices des raisonnements faux.

Ces raisonnements faux ont reçu dans la langue française le nom de *sophismes*. Certains auteurs distinguent les sophismes des paralogismes. Le sophisme est un faux raisonnement, fait dans l'intention de tromper ; les mots sophisme et sophiste entraînent par suite avec eux un sens défavorable; le paralogisme est un faux raisonnement fait sans aucune intention captieuse. Il n'y a donc pas de différence logique entre les sophismes et les paralogismes; nous désignerons, suivant l'usage le plus répandu, les raisonnements faux par le nom de sophismes, sans y attacher d'ailleurs aucun sens défavorable.

Sophismes de simple inspection. — Stuart-Mill a prétendu qu'il y avait des sophismes de simple inspection, faits pour ainsi dire à première vue, sans aucune intervention des procédés du raisonnement; ce seraient les plus simples de tous, ceux dont il faudrait par suite s'occuper tout d'abord. Sans discuter ici en détail les arguments apportés par Stuart-Mill à l'appui de sa thèse, nous estimons que tout sophisme, si rapide qu'il soit, contient un raisonnement conscient ou inconscient, complet ou incomplet, explicite ou implicite, exprimé ou latent.

Pour qu'il y ait erreur, il faut qu'il y ait jugement, affirmation; l'erreur en effet consiste à affirmer ce qui n'est pas ou à nier ce qui est. Y a-t-il des erreurs immédiates? Il peut le paraître au premier abord. Combien portons-nous en effet de jugements faux sans les faire précéder de prémisses? La vie de chaque jour nous en fournirait de trop nombreux exemples : Nous sommes, vous et moi, dans le même appartement; je dis: Il fait froid ici; vous dites: Non, il fait chaud; à vos yeux je me trompe; à mes yeux vous vous trompez; j'ajuste une pièce de gibier qui me semblait se lever à 30 mètres et qui en fait se levait à 60; je dis que cette tour qui se dresse là-bas à l'horizon est ronde; je me trompe: elle est carrée. Que sont aussi les jugements téméraires que les hommes portent les uns sur les autres, sinon des sophismes de simple inspection; je vous juge avare ou généreux, et vous n'êtes ni l'un ni l'autre; vous me jugez vaniteux ou fier, et je ne le suis pas; c'est souvent à première vue que ces jugements sont portés; il n'y a pas là de raisonnement.

Mais en matière de sophismes, gardons-nous soigneusement des apparences et procédons méthodiquement. Il faut distinguer tout d'abord les jugements portés par nous sur des sensations de ceux que nous portons sur des choses ou des idées. Les premiers ne contiennent à proprement parler ni vérité ni fausseté, ou plutôt ils sont tous vrais. Mes sensations sont ce que je les éprouve, et vous ne pouvez les arguer d'inexactitude; tant que je me borne à les énoncer, je dis vrai. Ainsi vous avez froid et j'ai chaud à la même température; nous ne nous trompons ni l'un ni l'autre; *mon* froid ne peut s'inscrire en faux contre *votre* chaud et réciproquement; mais nous nous tromperions si le thermomètre marquant 15 degrés, je disais: J'ai froid, il n'y a pas plus de 9 degrés dans cet appartement, ou si vous disiez : J'ai chaud, il fait ici plus de 30 degrés. De même je vois rouge ce que vous voyez vert; là encore, il n'y a erreur ni de ma part, ni de la vôtre; c'est affaire de sensations, affaire, par conséquent, purement subjective.

Il en est autrement lorsqu'il s'agit de jugements portés sur des choses objectives et sur des idées. L'erreur est possible; mais alors même qu'elle paraîtrait se produire instantanément, elle est le résultat d'un raisonnement latent ou inconscient. Reprenons les exemples cités plus haut. Quand la perdrix s'est levée devant moi, je n'ai pas formulé un raisonnement en règle; je l'ai ajustée aussitôt et me suis trompé de 30 mètres. Il y a eu là cependant un raisonnement, dont il est possible de marquer les articulations successives. Nous ne jugeons pas immédiatement des distances; si la chose nous est devenue facile, c'est un bienfait de l'habitude. Primitivement un objet extérieur à nous fait une tache sur notre champ visuel, et c'est tout; peu à peu nous apprenons, en *interprétant* nos sensations, à projeter ces taches visuelles sur des plans inégalement éloignés de nous, et nous concluons, d'après nos sensations, que les objets qui les provoquent sont en fait inégalement éloignés; il y a là raisonnement, et par suite possibilité d'erreur. Si je me suis trompé, c'est que j'ai mal interprété les sensations musculaires qui ont servi de point de départ à mon raisonnement, et que j'en ai tiré une conclusion fausse. Les divers stades du raisonnement n'ont pas été nettement distingués; je n'en ai même pas eu conscience, grâce à l'habitude, sous l'influence de laquelle les opérations intellectuelles perdent en distinction ce qu'elles gagnent en rapidité. Qu'importe? Mon raisonnement n'en est pas moins réel, et il est de ceux que les psychologues ont parfois appelés raisonnements inconscients. J'en dirais autant de cette erreur par laquelle je juge ronde une tour qui est carrée. Ce jugement est une interprétation inexacte de mes sensations, c'est-à-dire une conclusion illégitime.

Il n'en est pas autrement des jugements téméraires de la vie quotidienne. Ils sont le résultat de raisonnements mal étayés sur des prémisses insuffisantes. Je parle peu aux gens; immédiatement ils concluent que je suis fier. Il serait aisé de rétablir les termes latents du raisonnement rapide qui les a conduits à cette conclusion. Ils ont raisonné par induction, sans s'être assurés au préalable que tous les hommes qui parlent peu aux autres sont fiers. Tous ces jugements de sentiment, si l'on peut dire, qui surgissent à première impression, sont le fruit de raisonnements fautifs. La *simple inspection* fournit des prémisses insuffisantes; en cela elle est l'origine de nombreux sophismes; mais les sophismes dont elle est l'occasion n'en sont pas moins des raisonnements vicieux.

Tout sophisme est un raisonnement faux.

CHAPITRE II

LES SOPHISMES FORMELS.

Division des sophismes. — Puisque tous les sophismes sont de faux raisonnements, il est aisé de les classer. Tout raisonnement, qu'il soit déductif ou inductif, a une forme et une matière. L'erreur peut donc résulter d'un vice de forme ou d'un prestige causé par la matière même du raisonnement. Dans le premier cas, pour découvrir et déjouer le sophisme, il suffit de considérer la forme du raisonnement, sans aucun souci de la matière sur laquelle il porte ; dans le second, c'est la matière elle-même qu'il faudra considérer. De là deux grandes classes de sophismes : les **sophismes formels** et les **sophismes matériels**.

Sophismes formels. — Les sophismes formels sont tous des infractions aux règles essentielles du syllogisme. Les espèces en sont par suite aussi nombreuses que ces règles.

1° *Introduire quatre termes dans un syllogisme proprement dit :*

$$A = B,$$
$$C = D,$$
donc : $\quad A = D.$

2° *Substituer, dans la conclusion, le moyen terme au petit ou au grand terme :*

$$A = B,$$
$$B = C,$$
donc : $\quad A = B.$

A vrai dire, cette substitution n'est pas une erreur, puisque l'identité totale et partielle du moyen et de chacun des deux extrêmes a été affirmée dans les prémisses, et qu'alors la conclusion ne fait que répéter l'une ou l'autre des prémisses. Cependant la conclusion n'en est pas moins sophistique, en ce sens qu'elle n'est pas à proprement parler une conclusion, mais la répétition d'une des données de la question, prise faussement pour une conclusion.

3° *Prendre le moyen terme particulièrement dans les deux prémisses :*

	Les Normands sont des Français ;
	Les Gascons sont des Français ;
donc :	Les Normands sont Gascons ;
ou,	Les Gascons sont Normands ;
	Les Normands sont des Français ;
	Quelques Français sont poltrons ;
donc :	Les Normands sont poltrons.

Dans ces deux exemples, le moyen terme est toujours pris particulièrement ; les deux conclusions sont illégitimes : ce serait l'effet d'un pur hasard si, dans les deux prémisses, on comparait le grand et le petit terme à la même portion du moyen.

4° *Donner plus d'extension au grand ou au petit terme dans la conclusion que dans les prémisses :*

Le raisonnement suivant :

Plusieurs nations sont capables de se gouverner elles-mêmes ;
Les nations capables de se gouverner elles-mêmes ne doivent pas recevoir de loi d'un gouvernement despotique ;
donc : Aucune nation ne doit recevoir de loi d'un gouvernement despotique.

est un sophisme ; en effet, le petit terme est plus étendu dans la conclusion que dans les prémisses.

De même dans le raisonnement suivant :

	Les Parisiens sont généreux ;
	Les Bordelais ne sont pas Parisiens ;
donc :	Les Bordelais ne sont pas généreux.

il est évident que dans la majeure, le terme « généreux » est pris avec une extension moindre que dans la conclusion.

5° *Tirer une conclusion de deux prémisses négatives :*
Ainsi des deux prémisses :

>Les Français ne sont pas Slaves;
>Les Russes ne sont pas Français,

ce serait un sophisme, c'est-à-dire une conclusion logiquement illégitime, que de conclure que les Russes sont ou ne sont pas Slaves.

6° *Tirer une conclusion négative de deux prémisses affirmatives :*

>A est B
>B est C
donc : A n'est pas C.

7° 1er cas : *Tirer une conclusion affirmative de deux prémisses dont l'une est affirmative et l'autre négative :*

>Les Français sont Européens ;
>Les Chinois ne sont pas Européens;
donc : Les Chinois sont Français.

2e cas : *Tirer une conclusion générale de deux prémisses dont l'une est particulière :*

>Quelques Français sont israélites;
>Les israélites respectent le jour du sabbat;
donc : Les Français respectent le jour du sabbat.

8° *Tirer une conclusion de deux prémisses particulières :*
Dans l'exemple :

>Quelques Français sont philosophes;
>Quelques philosophes sont matérialistes;
donc : Quelques Français sont matérialistes.

la conclusion est évidemment sophistique, car les philosophes dont il est question dans l'une des prémisses peuvent parfaitement n'être pas ceux dont il est question dans la seconde.

Tous ces sophismes sont pour la plupart si grossiers qu'ils seraient aisément évités, si les **imperfections du langage** ne nous y faisaient tomber souvent à notre insu. Le langage, avec ses *équivoques*, ses *amphibologies*, ses sens tantôt *composés*, tantôt *divisés*, est le grand instigateur des sophismes formels.

L'équivoque consiste à employer un même terme en deux sens différents. Un terme équivoque dans un syllogisme équivaut donc à l'introduction d'un quatrième terme.

                Un rat est une syllabe ;
                Un rat ronge ;
donc :   Une syllabe ronge.

Celui qui fait tort à quelqu'un doit être puni ;
Celui qui communique une maladie contagieuse à un autre lui fait tort ;
donc : Celui qui communique une maladie contagieuse à un autre doit être puni.

Dans ces exemples, les termes *rat* et *faire tort* sont équivoques ; de là le caractère sophistique des raisonnements où ils se trouvent.

L'amphibologie est une construction grammaticale ambiguë qui produit une conception fausse.

Deux fois 2 et 3 est une proposition amphibologique, car elle peut signifier 2 fois 2, ou 4, plus 3, ou 2 fois le total de 2 et 3. Dans un cas, 2 fois 2 et 3 sera 7 ; dans le second, ce sera 10.

Une telle expression dans un syllogisme peut équivaloir à l'introduction d'un 4° terme, si d'une prémisse à l'autre, l'esprit passe du premier sens au second :

$$2 \text{ fois } 2 \text{ et } 3 = 7$$
$$10 = 2 \text{ fois } 2 \text{ et } 3$$
donc : $$10 = 7.$$

Les amphibologies sont fréquentes dans les formes ordinaires du langage. Il importe donc, avant de raisonner, de définir nettement les expressions dont on se sert, et de n'introduire aucun changement dans les sens qu'on leur aura attribués.

On introduit encore quatre termes dans un syllogisme, lorsque dans les prémisses on prend un terme de tous les objets d'une classe entendus séparément, et dans la conclusion, de l'ensemble de ces objets. Si je dis, par exemple, que tous les angles d'un triangle sont plus petits que deux angles droits, je l'entends de chaque angle pris séparément ; mais si, partant de cette prémisse, je conclus que tous les angles d'un triangle, considérés ensemble, dans le tout qu'ils forment, sont plus petits que deux angles droits, ma conclusion est sophistique ; j'ai pris le même terme, ici dans le *sens divisé*, là dans le *sens composé*, et en réalité j'ai introduit dans la conclusion un terme qui ne figurait pas dans les prémisses.

Inversement, j'aboutis à une conclusion sophistique, si dans le cours d'un raisonnement je prends un même terme d'abord dans le sens composé, puis dans le sens divisé.

Si je dis : Tous les angles d'un triangle sont égaux à deux angles droits, l'expression « tous les angles d'un triangle » s'entend de tous les angles pris ensemble, et non de chacun d'eux considéré séparément. Par suite le raisonnement suivant sera sophistique :

Tous les angles d'un triangle sont égaux à deux angles droits ;
ABC est un angle d'un triangle ;
donc : ABC est égal à deux angles droits,

De même :

> Les habitants de Paris se composent d'hommes, de femmes et d'enfants de tout âge ;
> Les membres de la Chambre des députés sont habitants de Paris ;
> donc : Les membres de la Chambre des députés se composent d'hommes, de femmes et d'enfants de tout âge.

A ces sophismes issus des confusions du langage se rattache l'espèce que les logiciens ont appelée **Fallacia figuræ dictionis**; elle consiste à attribuer des significations exactement correspondantes à des mots différents mais de même racine. Ainsi on dira : Les *faiseurs de projets* ne méritent aucune confiance; cet homme a fait un *projet;* donc il ne mérite aucune confiance. « Ici, dit Stuart Mill, le sophiste raisonne dans l'hypothèse que celui qui forme un *projet* est un *faiseur de projets;* tandis que le sens défavorable attaché communément à ce dernier mot n'est pas du tout impliqué dans le premier. Souvent ce sophisme résidera plutôt dans un des termes de la conclusion que dans le moyen terme, de telle sorte que la conclusion ne sera pas du tout garantie par les prémisses, quoiqu'elle semble l'être par l'affinité grammaticale des mots. Exemple : — La fréquentation d'un criminel est une *présomption* de crime; cet homme a une telle fréquentation; donc il est à *présumer* qu'il est criminel. Cet argument suppose une correspondance exacte entre *présomption* et *présumer*, qui pourtant n'existe pas en réalité; car présomption n'exprime communément qu'un *léger soupçon*, tandis que présumer marque une croyance actuelle. » De même, si l'on concluait que les boissons *fortes* doivent donner de la *force*.

CHAPITRE III

LES SOPHISMES MATÉRIELS.

Les principaux sophismes matériels sont le **sophisme de l'accident**, — *fallacia accidentis* des anciens logiciens, — la **pétition de principe**, — *petitio principii* — et l'**ignorance de la question**, — *ignoratio elenchi*.

Sophisme de l'accident. — Il est direct ou inverse; dans le premier cas, il consiste à conclure d'une règle générale à un cas spécial auquel une circonstance accidentelle rend cette règle inapplicable. Dans le second, il consiste à conclure d'un cas spécial affecté d'une circonstance ou condition accidentelle, au même cas dépouillé de cette circonstance ou condition.

EXEMPLE : Je mange le jour ce que j'ai acheté la veille;
Hier j'ai acheté de la viande crue ;
donc : Aujourd'hui je mange de la viande crue.
Celui qui introduit un couteau dans le corps d'une personne doit être puni;
Les chirurgiens le font dans les opérations
donc : Les chirurgiens doivent être punis.

Il est évident que dans les conclusions qui précèdent on ne tient pas compte d'une circonstance accidentelle implicitement réservée dans les prémisses; si je mange le jour ce que j'ai acheté la veille, il ne s'ensuit pas que je mange ma viande sans la faire cuire; si l'on punit celui qui donne un coup de couteau à un autre, il faut que la blessure ait été faite avec une intention criminelle.

« Grand nombre des mauvais arguments en vogue, dit Stuart Mill, sont de ce genre. La prémisse est une vérité reçue, une maxime usuelle dont la raison et la preuve ont été oubliées ou sont négligées dans le moment; mais si l'on y avait pensé, on aurait reconnu la nécessité de restreindre tellement la prémisse, qu'elle n'aurait plus pu porter la conclusion.

« Il y a un sophisme de cette nature dans ce que Adam Smith et autres appellent, en Économie politique, la théorie mercantile. Cette théorie part de la maxime vulgairement admise que tout ce qui rapporte de l'argent enrichit, et qu'on est riche en proportion de la quantité d'argent qu'on possède; de là on conclut que la valeur d'un trafic quelconque et celle du commerce d'une nation consiste dans la balance de l'argent qu'il rapporte; qu'un commerce qui fait sortir du pays plus d'argent qu'il n'y en fait entrer est en perte, et, par conséquent, qu'il faut attirer l'argent dans le pays et l'y retenir par des prohibitions, des franchises, et autres corollaires semblables. Et tout cela faute de réfléchir que si les richesses d'un individu sont en proportion de la quantité d'argent dont il peut disposer, c'est parce qu'elle est la mesure du pouvoir qu'il a d'acheter ce qui vaut de l'argent; et, par conséquent, avec la réserve que rien ne l'empêche d'employer son argent à ces acquisitions. La prémisse n'est donc vraie que *secundum quid*, tandis que la théorie la suppose vraie absolument, et en conclut que l'augmentation d'argent est une augmentation de richesse, même quand il est obtenu par des moyens subversifs de la condition sans laquelle seule l'argent peut être la richesse [1]. »

Pétition de principe. D'une manière générale, la pétition de principe, qui prend parfois le nom de *cercle vicieux*, consiste à supposer acquis ce qui est en question, ou à répondre à la question par la question elle-même.

---

1. *Logique*, liv. V, chap. vi.

« Pourquoi l'opium fait-il dormir? — Parce qu'il a une vertu dormitive. » Voilà le type de la pétition de principe. Mais le plus souvent le sophisme ne se présente pas ainsi à nu, et se dissimule sous une longue suite de propositions. Soit le syllogisme suivant :

      B est C
      A est B
donc :   A est C.

il est régulièrement établi ; mais supposez que la vérité de A est B dépende de la conclusion A est C et que pour l'établir il ait fallu raisonner ainsi :

      C est B
      A est C
donc :   A est B.

la conclusion A est C du premier syllogisme devient sophistique, et nous sommes en présence d'une pétition de principe ; la vérité de A est C dérive de la vérité de A est B ; mais la vérité de A est B a pour caution la vérité de A est C.

La pétition de principe n'est pas aussi rare qu'on pourrait le supposer. Les majeures de la plupart des syllogismes sont des propositions générales qu'une longue pratique nous fait considérer comme évidentes, et que de fois nous les appliquons à prouver des cas particuliers qui, au lieu d'en être des conséquences, en sont des preuves. Les plus grands esprits n'échappent pas à ce prestige. La nature des choses pesantes, disait Aristote, est de tendre au centre du monde ; l'expérience nous fait voir que les choses pesantes tendent au centre de la terre ; donc le centre de la terre est le centre du monde. « Il est clair, ont remarqué les logiciens de Port-Royal, qu'il y a dans la majeure une manifeste pétition de principe ; car nous voyons bien les choses pesantes tendre vers le centre de la terre; mais d'où Aristote a-t-il appris qu'elles tendent au centre du monde, s'il ne suppose pas que le centre de la terre est le même que le centre du monde? »

De même, lorsque J.-J. Rousseau assigne pour origine aux sociétés humaines un prétendu contrat social, et qu'il fait dériver de là les devoirs auxquels les hommes sont astreints dans la société, il commet une double pétition de principe; d'autre part, en effet, comment des hommes qui ne seraient pas encore en société pourraient-ils se lier par un contrat? Et d'autre part, comment ce contrat pourrait-il engendrer des obligations, si antérieurement n'existait pas l'obligation de respecter les contrats?

Ignorance de la question. — C'est un sophisme fréquent dans les discussions humaines. Prouver autre chose que ce qui est en question, partir de la question posée et s'en écarter insensiblement jusqu'à la faire perdre de vue à l'auditeur ou au lecteur, ou bien y substituer brusquement, par une tactique saisissante et audacieuse, une autre question, abandonner l'enchaînement démonstratif des propositions pour faire appel au sentiment ou à la passion, quel avocat, quel politique, quel polémiste, quel journaliste pourrait se dire innocent de ce péché contre une logique rigoureuse! — Un homme est accusé de faux monnayage; on a saisi en sa possession les pièces à conviction les plus démonstratives. Que fera l'avocat? Il ne peut nier le crime; mais il dira : Cet homme a été un bon fils; il a été un bon soldat; il s'est vaillamment battu contre les ennemis de la patrie; il a été un époux exemplaire, un père dévoué, et derrière ces vertus, la faute disparaîtra, et le jury touché déclarera ce coupable non coupable. *Ignoratio elenchi!* Un conseiller municipal reproche à un maire d'avoir engagé des dépenses sans l'autorisation du conseil. Le maire répond en faisant valoir l'urgence et les avantages des mesures qu'il a prises. *Ignoratio elenchi!* Un candidat à la députation se présente avec un programme net et sincère. Un adversaire vient lui reprocher d'avoir tel jour refusé d'apostiller une demande d'emploi : *Ignoratio elenchi!* Berkeley soutient que la matière n'existe pas. Vous faites un geste et croyez l'avoir réfuté. *Ignoratio elenchi!*

CHAPITRE IV

LES SOPHISMES D'INDUCTION

Il y a, nous l'avons vu, deux espèces d'inductions : l'induction formelle et ce que nous avons appelé l'induction scientifique; la première conclut de toutes les parties constitutives d'un tout au tout qu'elles constituent :

La Terre, Mars, Vénus, etc., ne brillent pas de leur propre lumière;
La Terre, Mars, Vénus, etc., sont toutes les planètes ;
donc : Les planètes ne brillent pas de leur propre lumière;

la seconde conclut d'un ou de plusieurs faits particuliers à tous les faits semblables, présents et à venir.

donc : Cet aimant attire le fer;
Partout et toujours l'aimant attire le fer.

Il y a par suite des **sophismes d'induction formelle** et des **sophismes d'induction scientifique**. Les premiers se subdivisent eux-mêmes en sophismes purement *formels* et en sophismes *matériels*.

Une induction formelle se formule en un syllogisme.

Elle est en effet la synthèse de deux termes au moyen d'un intermédiaire. Dès lors elle est soumise aux règles essentielles du syllogisme en général. S'il n'y a pas à tenir compte ici des règles relatives aux différents degrés de l'extension des termes dans le syllogisme déductif, puisque le moyen et le sujet de la conclusion ont une égale extension, il en est autrement des autres. Dans le syllogisme inductif, aussi bien que dans le syllogisme déductif, on ne doit pas mettre quatre termes en présence, on ne peut pas conclure négativement de deux prémisses affirmatives, on ne peut rien conclure de deux prémisses négatives. Pécher contre ces règles, c'est commettre un sophisme formel d'induction.

Le sophisme matériel, dans ce mode de raisonnement comme dans la déduction, vient de la matière même sur laquelle on raisonne. Pour qu'il y ait induction légitime, il faut que l'énumération des parties soit complète; en négliger quelqu'une, c'est commettre le sophisme que les anciens appelaient *dénombrement imparfait*. Si je dis, par exemple : la Terre, Mars, Vénus, etc., n'ont pas d'anneau; la Terre, Mars et Vénus sont toutes les planètes; donc les planètes n'ont pas d'anneau, je fais un sophisme de ce genre, une énumération incomplète; j'ai oublié Saturne, et précisément Saturne a un anneau.

Mais ce qu'il importe le plus de considérer ici, ce sont les sophismes d'induction scientifique. L'induction formelle est de peu d'usage dans la formation ou le développement des connaissances; rarement nous pouvons énumérer tous les cas contenus dans une loi générale, et, à vrai dire, l'opération qui consiste à conclure de toutes les parties d'un tout à ce tout, n'est pas un accroissement de connaissance, mais simplement, comme nous l'avons fait voir, la substitution d'un terme général à une série de termes singuliers. Bien différent est le rôle de l'autre induction

A nous en tenir aux données de notre expérience individuelle, nous ne devrions affirmer que ce que nous avons vu, que ce que nous avons senti. Notre connaissance serait ainsi toujours limitée et particulière. Mais nous ne restons pas confinés dans le petit coin de l'espace et de la durée où nous vivons ; presque toutes nos affirmations revêtent un caractère de généralité qu'elles tiennent de l'induction. Or parmi ces affirmations générales, que de préjugés, que d'erreurs, que d'inductions illégitimes, c'est-à-dire que de sophismes ! Le progrès des connaissances scientifiques consiste précisément à redresser tous ces sophismes, en remplaçant les inductions erronées par des inductions légitimes.

Les anciens logiciens avaient classé les sophismes d'induction sous deux chefs principaux : 1° le sophisme *non causa pro causa*, ou *post hoc, ergo propter hoc*, qui consiste à considérer comme cause d'un fait ce qui n'en est pas la cause ; 2° les sophismes par *dénombrement imparfait*, dont nous avons déjà parlé plus haut, et qui ne comprennent pas seulement des erreurs d'induction formelle.

Toute proposition générale est une règle ou une loi. Pour conclure légitimement des cas observés à la règle ou à la loi, il faut s'être assuré au préalable qu'il n'existe pas de cas contraires aux cas observés et détruisant la règle générale qui semble sortir de ces derniers ; il faut s'être assuré aussi que le déterminant assigné à un fait en est bien la condition et ne lui est pas simplement antérieur ; les phénomènes qui se déterminent les uns les autres se succèdent ; mais tous ceux qui se succèdent ne se déterminent pas pour cela. Une comète s'est montrée dans le ciel ; quelque temps plus tard, une guerre a éclaté. Il n'y a entre ces deux faits qu'une succession et non un lien de détermination. Si l'on conclut que l'apparition de la comète a déterminé la guerre, on commettra le sophisme *post hoc, ergo propter hoc.* — Un pauvre sur mille a reçu de l'instruction ; il cherche à s'élever au-dessus de sa condition ; si l'on conclut que l'instruction dégoûte de la condition d'ouvrier, on commettra le sophisme du *dénombrement imparfait.*

Dans tous ces cas, l'erreur consiste dans une généralisation illégitime ; mais elle a pour origine une erreur dans l'établissement des bases mêmes de l'induction. Cette erreur, comme l'a vu Stuart Mill, résulte ou d'une *non-observation*, ou d'une *mal-observation* des faits.

Il y a *non-observation*, lorsqu'on conclut sans avoir remarqué, ou bien les faits, ou bien telle ou telle circonstance des faits. Vous croyez aux diseurs de bonne aventure, parce qu'une fois ou deux les faits ont concordé avec leurs prédictions ; mais vous avez négligé tous les cas dans lesquels cette concordance n'a pas eu lieu ; mais vous n'avez pas remarqué que dans les cas où elle se produisait, il y avait un compère. Prenons des exemples plus sérieux dans l'histoire même des sciences positives. « Les adversaires de Copernic disaient que la Terre ne se meut pas, parce que, si elle se mouvait, une pierre tombée du haut d'une tour n'arriverait pas au pied de la tour, mais à quelque distance, dans une direction opposée au mouvement de la Terre ; de même, ajoutaient-ils, qu'une balle qu'on laisse tomber du haut du grand mât pendant que le navire marche à pleines voiles ne tombe pas exactement au pied du mât, mais un peu vers l'arrière du bâtiment. Les coperniciens auraient coupé court d'un seul coup à ces objections en *expérimentant* la balle tombant du haut du mât, car ils auraient vu qu'elle tombe exactement au pied, comme leur théorie le demande ; mais non ; ils admettaient le prétendu fait, et s'évertuaient en vain à trouver une différence entre les deux cas. »

De même une des erreurs de la fameuse théorie du phlogistique, qui expliquait la combustion par le dégagement d'une substance appelée Phlogiston, qu'on supposait renfermée dans toutes les matières combustibles, venait de la *non-observation* des faits. « L'hypothèse s'accordait assez bien avec les apparences superficielles. L'ascension de la flamme suscite naturellement la fuite d'une substance, et le résidu visible des cendres a généralement bien moins de volume et de poids que le corps brûlé. L'erreur était dans la non-observation d'une portion considérable du résidu réel, à savoir les produits gazeux de la combustion. Quand ces produits furent reconnus, et qu'on en tint compte, on trouva que c'est une loi universelle, que toutes les substances, loin de perdre de leur poids en brûlant, en gagnent, et après avoir essayé d'abord, comme d'habitude, d'accommoder l'ancienne théorie au fait nouveau au moyen d'une hypothèse arbitraire (que le phlogistique possédait une légèreté positive), les chimistes arrivèrent à la véritable explication, à savoir que, dans le phénomène de la combustion, au lieu d'une substance dissipée, il y avait une substance absorbée. »

Les erreurs issues de la *mal-observation* sont encore plus nombreuses, tant l'observation de la nature est difficile. Mal observer, c'est ne pas voir les faits tels qu'ils sont. Or combien sont fréquents, même chez les savants les plus expérimentés, les illusions de la perception. « Un des plus fameux exemples d'une erreur universelle résultant d'une méprise de ce genre, fut l'opposition faite au nom du sens commun, au système copernicien. Tout le monde s'imaginait voir réellement le Soleil se lever et se coucher, et les étoiles tourner autour du pôle. Nous savons maintenant qu'on ne voyait pas du tout cela. Ce qu'on voyait en réalité, était un ensemble d'apparences, également conciliables avec la théorie reçue, et avec toute autre complétement différente. Il semble étrange qu'un cas, comme celui-ci, dans lequel le témoignage des sens était invoqué avec la plus ferme conviction en faveur de ce qui n'était qu'une simple inférence, et, ainsi qu'il arriva, une inférence fausse, n'ouvrît pas les yeux aux bigots du sens commun, et ne leur inspirât pas une défiance plus modeste à l'égard de la compétence de la pure ignorance à contrôler les conclusions de la science[1]. »

Et le remède aux sophismes? Il n'en est qu'un que nous pouvons formuler brièvement : l'application attentive des règles du raisonnement.

---

1. Stuart Mill. *Syst. de Log.*, V, chap. IV.

APPENDICE.

EXERCICES DE LOGIQUE FORMELLE.
EXERCICES SUR LES TERMES.

1. Distinguer parmi les termes suivants les termes concrets et les termes abstraits :

Livre
Libraire
Blanc
Blancheur
Couleur
Pesanteur
Sensation
Lumière
Nation
Air
Gouvernement
Planète
Mammifère
Quadrupède
Louis XIV
Royauté

Royal
Discussion
Abstraction
Concret
Or
Jaune
Collection
Brillant
Indépendant
Indépendance
Logique
Géologie
France
Français
Paris
République

---

1. Beaucoup de ces exercices ont été imités et même traduits des *Studies on deductive Logic* de M. Stanley Jevons.

2. Trouver les termes négatifs correspondant aux termes positifs suivants :

    Grand   Ressemblant
    Blanc   Sensé
    Riche   Animal
    Égal   Individuel
    César   Avocat
    Homme   Empereur
    Femme   Matière
    Vertébré   Planète
    Mammifère   Soleil
    Observation   Eau
    Lumière   Liquide
    Rétribution   Solide
    Solennel   Gazeux
    Montagneux   Spirituel

3. Trouver les termes positifs qui correspondent aux termes négatifs ou d'apparence négative suivants :

    Immensité   Fausseté
    Inestimable   Infirme
    Déplaisant   Intact
    Besoin   Ignominieux

4. Distinguer dans la liste suivante les termes réellement négatifs de ceux qui ne le sont qu'en apparence :

    Annulé   Éclipse
    Antidote   L'infini
    Invalide   Indépendance
    Individuel   Indolent
    Désagréable   Impassible
    Impair   Indestructible

5. Trouver et énoncer paire par paire un certain nombre de termes positifs et les termes négatifs correspondants.

6. Distinguer, dans la liste suivante, les termes singuliers et les termes généraux :

Napoléon Ier	Vénus
Religion	Bon sens
Apologie	Christianisme
Cheval	Dante
Individu	Planète
Empereur	Esprit
Poète	Être
Loi	Artiste
Substantiel	Quadrupède
Virgile	Avocat

7. Montrer par des exemples que la division des termes en termes généraux et singuliers ne coïncide pas avec la division des mêmes termes en abstraits et concrets.

8. Distinguer, dans la liste suivante, les termes collectifs et les termes généraux.

Les élèves de philosophie	Magistrat
Armée	Lycéen
Le 4e bataillon	Prêtre
L'armée du Nord	Soldat
Le clergé	La magistrature
L'Université	Professeur

9. Caractériser logiquement chacun des termes contenus dans la phrase suivante :

« Un nom est un mot pris arbitrairement pour servir de marque qui puisse susciter dans notre esprit une idée semblable à une idée que nous avons déjà eue auparavant, et qui, quand nous le prononçons, puisse être pour ceux qui l'entendent le signe de l'idée que nous avons dans l'esprit » (Hobbes).

10. Comparer l'extension et la compréhension des termes suivants pris deux à deux :

    Minéral   Oxyde de fer
    Chemin de fer Voie de communication
    César   Romain
    Omnibus   Voiture
    Couvre-chef   Chapeau
    Géométrie   Algèbre
    Nombre   Figure

11. Déterminer la compréhension des termes suivants :

    Vertu   Blancheur
    Socrate   Richelieu
    Corneille   Le Cid
    Descartes   Le Discours de la méthode
    Paris   Notre-Dame

12. Classer en séries suivant les degrés de l'extension les termes suivants :

    Cheval   Être
    Historien   Matière
    Homme   Jupiter
    Mammifère   Animal
    Individuel   Thiers
    Écrivain   Homme d'État
    Vertébré   Substance organique
    Quadrupède   Planète

13. Faire voir dans les séries suivantes de termes

EXERCICES. 217

l'application de la loi en vertu de laquelle l'extension diminue quand la compréhension s'accroît, et réciproquement :

   Fer   Matière
   Métal   Matière organisée
   Élément   Animal
   Matière   Homme
   Substance   Auguste
   Livre   Kant
   Dictionnaire   Philosophe
   Dictionnaire latin Penseur

14. Distinguer et grouper les *espèces* et les *genres* contenus dans la liste suivante :

   Français   Papillon
   Parisien   Invertébré
   Bordelais   Européen
   Homme   Vertébré
   Insecte   Gorille
   Quadrumane Triangle
   Figure plane Polygone
   Scalène   Équilatéral
   Équiangle   Rectangle
   Dizaine   Centaine
   Mille   Million

15. Montrer, à l'aide des exemples qui précèdent, comment une espèce peut devenir un genre.

16. Quelles sont les *différences spécifiques* des espèces contenues dans la liste précédente ?

17. Diviser en leurs espèces les genres suivants :

Homme	Triangle
Quadrilatère	Polygone
Vertébré	Mammifère
Oiseau	Batracien
Officier	Monarque
Nombre	Fraction

18. Diviser dichotomiquement les genres suivants :

Nombre	Figure
Polygone	Oiseau
Homme	Fleur
Livre	Ustensile
Bois	Charbon
Métal	Métalloïde
Acide	Base
Composé binaire	Élément

19. Quels sont le *genre prochain* et la *différence spécifique* de chacune des notions suivantes :

Conscience	Entendement
Liberté	Fatalisme
Carnivore	Herbivore
Triangle	Quadrilatère
Encre	Vin
Vin de Bordeaux	Cravate
Tableau	Peintre
Habit	Étoffe
Bimane	Raisonnable
Genre	Espèce
Différence	Laine

Louis XIV Napoléon Ier
France   Corse

Exercices sur les propositions.

1. Dire successivement pour chacune des propositions suivantes :

    1° Quel en est le sujet,
    2° Quel en est le prédicat,
    3° Si elle est affirmative ou négative,
    4° Particulière ou générale,
    5° Catégorique ou conditionnelle.

Les étoiles fixes brillent par elles-mêmes.
Le bonheur parfait est impossible.
Toute erreur n'est pas une preuve d'ignorance.
Peu d'hommes se connaissent eux-mêmes.
Les métaux sont tous bons conducteurs de la chaleur.
Un régiment se compose de quatre bataillons.
Toute faute n'est pas crime.
Un seul métal est liquide.
La Grande-Bretagne est une île.
Romulus et Rémus étaient frères.
Un homme est un homme.
Le parallélogramme a ses angles opposés égaux.
Personne n'est toujours heureux.
Les quadrupèdes sont des vertébrés.
Les insectes ne sont pas vertébrés.
La Diane de Gabies est belle.
Aucun mammifère n'est parasite.
Non progredi est regredi.
Ἄριστον μὲν ὕδωρ.

Boule qui roule n'amasse pas mousse.
J'ai dit ce que j'ai dit.
Il n'est pas bon pour l'homme d'être seul.
Χαλεπὰ τὰ καλά.
Per angusta ad augusta.
La foi qui n'agit pas, est-ce une foi sincère?
To be or not to be, that is the question.
Pas d'effet sans cause.
Rien n'est beau que le vrai.
Le vrai seul est aimable.
Et le vers sur le vers n'osa plus enjamber.
Rodrigue, as-tu du cœur?
Ibant obscuri sola sub nocte per umbras.
Le génie n'est qu'une plus grande aptitude à la patience.
Summum jus summa injuria.
Haud ignara mali miseris succurrere disco.
L'ignorant seul méprise la science.
Si vous croyez que je vais dire qui j'ose aimer....
E pur si muove.
Toute vérité n'est pas bonne à dire.
Si j'avais ma main pleine de vérités, je ne l'ouvrirais pas.
Malheureux que je suis!
Deux lignes droites ne peuvent envelopper un espace.
Les trois angles d'un triangle sont nécessairement égaux à deux droites.
Summæ artis est occultare artem.
Antiquitas seculi, juventus mundi.
Fugaces labuntur anni.
Un sot trouve toujours un plus sot qui l'admire.
Le vers se sent toujours des bassesses du cœur.
Dum spiro spero.
Entre amis, tout est commun.
Non omnes omnia decent.

Tout homme est animal.

Il n'y a qu'un seul animal raisonnable, l'homme.

Sept villes se disputent l'honneur d'avoir donné naissance à Homère.

2. Distinguer les assertions différentes contenues dans les phrases suivantes et les caractériser logiquement :

Un cheval, un cheval! Mon royaume pour un cheval.

Istuc est sapere, non quod ante pedes modo est videre, sed etiam illa quæ futura sunt, prospicere.

Sint ut sunt, aut non sint.

Fiunt oratores, nascuntur poetæ.

Vivre, ce n'est pas respirer, c'est agir.

L'éducateur doit savoir qu'en travaillant avec ses contemporains et pour eux, il travaille aussi pour les temps futurs.

3. Quelle est la signification logique des signes suivants :

Quelque	La plupart
Aucun	Pas du tout
Certains	Personne
Peu	Tout le monde
Beaucoup	*Ullus*
Nullus	*Non nullus*

4. Construire des propositions où se trouvent les signes précédents.

5. Quels sont les symboles des propositions catégoriques ?

6. Quelle est la quantité du sujet dans chacune des propositions A, E, I, O ?

Exercices sur les inférences.

1. Formuler toutes les propositions logiquement opposées à la proposition « Tous les métaux sont conducteurs de la chaleur ».
2. De ces propositions, quelles sont celles que l'on peut inférer de la proposition donnée?
3. Étant donnée une proposition universelle affirmative, quelle proposition peut-on en inférer immédiatement?
4. Quelles propositions peut-on inférer d'une négative universelle, — d'une particulière affirmative, — d'une particulière négative?
5. Grouper, dans les propositions suivantes, les contraires, les contradictoires, les subalternes et les subcontraires.

>Quelques éléments sont connus.
>Aucun élément n'est connu.
>Tous les éléments sont connus.
>Tous les éléments ne sont pas connus.
>Quelques éléments ne sont pas connus.

6. Quelles propositions sont vraies, fausses et douteuses:

>1° Quand A est faux,
>2° Quand E est faux,
>3° Quand I est faux,
>4° Quand O est faux?

7. Convertir les propositions suivantes :

>Toutes les substances organiques contiennent du carbone.

La Vénus de Milo est un chef-d'œuvre.
Le pauvre a peu d'amis.
Brutus a tué César.
Quelques chiens sont féroces.
Peu d'hommes ont le courage de la franchise.
Quelques animaux sont amphibies.
Tout être qui ne sent pas n'est pas animal.
Quelques cristaux ne sont pas symétriques.
Tous les hommes n'ont pas la foi.
Le temps est galant homme.
Paris est la plus grande ville de France.
Le style est de l'homme même.
Aucun triangle n'a un côté égal aux deux autres.
Tout triangle équilatéral est équiangle.
Il pleut.
$A = B$.
B est plus petit que C.
C est plus grand que D.
25 égale 5×5.

8. Quelles sont, s'il y a lieu, les relations logiques des propositions suivantes :

> Toutes les substances organiques contiennent du carbone.
> Il n'y a pas de substance organique qui ne contienne du carbone.
> Quelques substances inorganiques ne contiennent pas de carbone.
> Quelques substances qui ne contiennent pas de carbone sont organiques.

9. Construire les 64 combinaisons possibles des propositions A, E, I, O en syllogismes.

10. Éliminer celles de ces combinaisons qui sont contraires aux règles du syllogisme, en indiquant, pour chacune d'elles, à quelles règles elles sont contraires.

11. Pour quelles raisons les modes concluants sont-ils valides ? Montrer qu'ils sont conformes aux règles du syllogisme.

12. Montrer dans quelles figures les prémisses suivantes donnent une conclusion valide :

A A
A I
E A
O A.

13. A quelles figures appartiennent les syllogismes suivants ? — En grouper les propositions dans un ordre logique :

Quelques Y sont Z,
Aucun X n'est Y,
Quelques Z ne sont pas X,
Tous les Z sont Y,
Aucun Y n'est X,
Aucun Z n'est X.

14. Indiquer pour chacun des syllogismes suivants :

1° La conclusion,
2° Le moyen terme,
3° Le grand terme et la majeure,
4° Le petit terme et la mineure,
5° La quantité et la qualité des trois propositions,
6° Leurs symboles,
7° L'ordre dans lequel elles doivent être placées,

8° La figure du syllogisme,
9° Son mode et son nom mnémonique :

Les oiseaux ne sont pas des animaux vivipares ;
Les chauves-souris sont des animaux vivipares ;
Les chauves-souris ne sont pas des oiseaux.

Toute recherche des lois naturelles est une science ;
La logique recherche des lois naturelles ;
La logique est une science.

Le mercure est liquide à la température ordinaire ;
Le mercure est un métal ;
Quelque métal est liquide à la température ordinaire.

Les poissons respirent de l'eau contenant de l'air ;
Les baleines ne respirent pas d'eau contenant de l'air,
Elles ne sont donc pas des poissons.

L'iridium doit être brillant, car il est un métal, et tout métal est brillant.

Il y a des plaisirs qui ne méritent pas d'être recherchés ; donc il y a des plaisirs qui ne sont pas vertueux, car rien de ce qui ne mérite pas d'être recherché n'est vertueux.

Les Épicuriens ne faisaient pas consister le souverain bien dans la vertu ; ils n'étaient donc pas de vrais philosophes, car les vrais philosophes font consister le souverain bien dans la vertu.

12. Tirer les conclusions qui dérivent des couples suivants de prémisses :

Le sodium est un métal ;
Le sodium n'est pas très dense.

Tous les lions sont carnivores;
Aucun animal carnivore n'est dépourvu de canines.

La combustion est une combinaison chimique;
La combustion est toujours accompagnée d'un dégagement de chaleur.

Nihil erat quod non tetigit;
Nihil quod tetigit non ornavit.

13. Examiner les arguments suivants: dire s'ils sont des syllogismes réguliers, et, dans ce cas, en indiquer la figure et le mode; dans le cas où ils seraient des sophismes, dire contre quelles règles du syllogisme ils pèchent, et donner leur nom technique.

Quelques vertébrés sont bipèdes;
Quelques bipèdes sont oiseaux;
Quelques oiseaux sont vertébrés.

Tous les vices sont répréhensibles;
L'émulation n'est pas répréhensible;
L'émulation n'est pas un vice.

Tous les vices sont répréhensibles;
L'émulation n'est pas un vice;
Elle n'est donc pas répréhensible.

Les Aryens sont destinés à posséder le monde;
Les Chinois ne sont pas Aryens;
Les Chinois ne sont donc pas destinés à posséder le monde.

Les êtres raisonnables doivent compte de leurs actions.
Les brutes ne sont pas raisonnables;
Elles n'ont donc pas de responsabilité.

Les mathématiques fortifient le raisonnement;
L'étude de la logique n'est pas les mathématiques;
Elle ne fortifie donc pas le raisonnement.

EXERCICES. 227

Tout homme sincère reconnaît le mérite de ses rivaux;
Tous les hommes instruits ne le font pas;
Il y a donc des hommes instruits qui ne sont pas sincères.

15. Quelles sont les prémisses évidentes supprimées dans les arguments suivants; les rétablir et dire à quelle figure et à quel mode appartiennent les syllogismes ainsi reconstitués.

Né en Afrique, il était naturellement noir.
Quelques parallélogrammes ne sont pas des figures régulières, car ils ne peuvent être inscrits dans un cercle.
Il est dangereux de dire au peuple que les lois ne sont pas justes, car il obéit aux lois parce qu'il les croit justes.
La ligne AB est égale à la ligne CD, car elles sont toutes les deux rayons d'un même cercle.
Les baleines ne sont pas des poissons, car elles respirent par des poumons.
La logique est utile, car elle nous rend capables d découvrir les sophismes de nos adversaires.
Il doit être en bas, car il n'est pas en haut.

16. Construire des syllogismes dans chacun des mode suivants : Cesare, Festino, Darapti, Datisi, Ferison, Camenes, Fesapo, en prenant X, Y, Z respectivement pour grand, moyen et petit termes, et montrer comment on les réduit à la première figure.

17. Réduire à la première figure les modes des autres figures.

18. Construire un sorite de quatre prémisses et le résoudre en deux syllogismes distincts.

19. Examiner la validité des arguments conditionnels suivants :

Si la vertu est volontaire, le vice est volontaire ;
Mais la vertu est volontaire ;
Donc le vice l'est aussi.

La logique vaut la peine d'être cultivée, si Aristote est infaillible ;
Or il ne l'est pas ;
Donc la logique ne vaut pas la peine d'être cultivée.

S'il est bien, il viendra ;
Il n'est pas bien ;
Il ne viendra donc pas.

S'il est bien, il viendra ;
Il viendra ;
Il est donc bien.

Puisque l'homme vertueux seul est heureux, il doit être vertueux s'il est heureux, et il doit être heureux s'il est vertueux.

TABLE DES MATIÈRES

INTRODUCTION

Définition et division de la logique 1

LIVRE PREMIER

LOGIQUE FORMELLE

CHAPITRE	I.	Des notions et des termes.	6
—	II.	Des notions et des termes : extension et compréhension.	10
—	III.	Des notions et des termes : la classification et la division	13
—	IV.	Des notions et des termes : la définition . . .	18
—	V.	Des propositions.	21
—	VI.	Les lois formelles de la pensée	27
—	VII.	Du raisonnement : les inférences immédiates.	31
—	VIII.	Des inférences médiates : l'induction et la déduction ; le syllogisme	36
—	IX.	Du syllogisme : les modes et les figures . . .	44
—	X.	Syllogismes incomplets et composés ; syllogismes hypothétiques	50
—	XI.	L'induction formelle	54
—	XII.	Les principes directeurs du syllogisme. . . .	59

LIVRE DEUXIÈME

LES MÉTHODES

—	I.	Division des sciences : méthode des sciences mathématiques.	66

CHAPITRE II. Les axiomes mathématiques. 71
— III. Des définitions mathématiques 76
— IV. De la démonstration mathématique 83
— V. De la démonstration mathématique (*suite*). . 92
— VI. Objet des sciences de la nature 98
— VII. Les procédés des sciences de la nature. — L'observation et l'expérimentation 105
— VIII. Les méthodes expérimentales 114
— IX. La découverte expérimentale. — Les qualités du savant 120
— X. Des classifications 126
— XI. Valeur scientifique des classifications. — Des définitions empiriques. 134
— XII. Les théories, les hypothèses. 143
— XIII. L'induction. Le postulat des sciences de la nature. 150
— XIV. L'analyse et la synthèse. 158
— XV. Définition et caractères propres des sciences morales 167
— XVI. Possibilité des sciences morales 174
— XVII. Méthode des sciences morales 181
— XVIII. La méthode historique 186

LIVRE TROISIÈME

LES SOPHISMES

— I. Des sophismes en général. 192
— II. Les sophismes formels. 197
— III. Les sophismes matériels. 203
— IV. Les sophismes d'induction. 207

APPENDICE

Exercices de logique formelle. 213

PARIS. — IMPRIMERIE A. LAHURE
9, rue de Fleurus, 9

NOUVEAU COURS COMPLET
DE GÉOGRAPHIE

POUR L'ENSEIGNEMENT SECONDAIRE

PUBLIÉ PAR UNE SOCIÉTÉ DE PROFESSEURS

SOUS LA DIRECTION DE

M. MARCEL DUBOIS

Maître de Conférences de Géographie à la Sorbonne
et à l'École normale de Sèvres.

8 VOLUMES PETIT IN-8°, ILLUSTRÉS

DIVISION DE L'OUVRAGE :

	CLASSIQUE	MODERNE
Géographie élémentaire des cinq parties du monde.	*huitième*	
Géographie élémentaire de la France et de ses colonies. 2 fr.	*septième*	
Géographie générale du monde. — Géographie du bassin de la Méditerranée. . . . . . 2 fr.	*sixième*	
Géographie de la France.	*cinquième*	*sixième*
Géographie générale. — Étude du Continent américain . . . 5 fr.	*quatrième*	*cinquième*
Afrique. — Asie. — Océanie. 3 50	*troisième*	*quatrième*
Europe.	*seconde*	*troisième*
Géographie de la France.	*rhétorique*	*seconde*

HISTOIRE DE LA CIVILISATION

DEPUIS LES TEMPS LES PLUS RECULÉS JUSQU'A NOS JOURS

Par CHARLES SEIGNOBOS
Docteur ès lettres.

ÉDITION ILLUSTRÉE EN 3 VOLUMES CARTONNÉS PERCALINE MARRON

I. **Histoire de la Civilisation ancienne.** — Orient, Grèce et Rome. 1 vol. in-18. . . . . 3 fr.
II. **Histoire de la Civilisation au moyen âge et dans les temps modernes.** 1 vol. in-18. . . . . . . 3 fr.
III. **Histoire de la Civilisation contemporaine.** 1 vol. in-18 . . . . 3 fr.

ÉDITION ILLUSTRÉE EN 2 VOLUMES, CARTONNÉS PERCALINE VERTE,
DESTINÉE A L'ENSEIGNEMENT DES JEUNES FILLES

I. **Histoire ancienne de l'Orient.** — Histoire des Grecs. — Histoire des Romains. — Le Moyen âge jusqu'à Charlemagne. 5ᵉ édition. in-18. 3 50
II. **Moyen âge (depuis Charlemagne).** — Renaissance et temps modernes. — Période contemporaine. 5ᵉ édition. 1 vol. in-18. . . . . 5 fr
Les deux volumes réunis. . . . . 8 fr.
Abrégé de l'Histoire de la Civilisation. 1 vol. in-18, avec nombreuses gravures. Cart. toile grise. . . . 1 25

GÉOGRAPHIE ÉCONOMIQUE

PAR

M. MARCEL DUBOIS

Maitre de Conférences de Géographie à la Sorbonne
et à l'École normale de Sèvres.

Géographie économique de la France. — Revision de la géographie physique. — Revision de la géographie historique, politique et statistique. — Agriculture. — Industrie. — Commerce. — Histoire de l'agriculture, de l'industrie et du commerce. — Colonies méditerranéennes. — Colonies de l'Atlantique. — Colonies de l'océan Indien. — Colonies du Grand Océan. 1 vol. in-18 . . . . 3 fr.

Géographie économique de l'Europe. — Revision de la géographie générale. — L'Europe du nord-ouest. — L'Europe centrale. — L'Europe septentrionale. — L'Europe méridionale. — L'Europe orientale. — Conclusion générale. 1 vol. . 4 50

Géographie économique de l'Afrique, de l'Asie, de l'Océanie et l'Amérique. — Introduction. — Revision de la géographie générale. — Description particulière des continents : Asie, Afrique, Australie et Océanie, les deux Amériques. 1 vol. 4 50

Précis de la Géographie économique des cinq parties du monde. 1 vol. in-18 . . . . 6 fr.

NOUVEAU COURS D'HISTOIRE

RÉDIGÉ CONFORMÉMENT AUX PROGRAMMES

(ENSEIGNEMENT CLASSIQUE — ENSEIGNEMENT MODERNE)

Par F. CORRÉARD

Professeur d'Histoire au lycée Charlemagne

HISTOIRE DE L'EUROPE ET DE LA FRANCE
DEPUIS 395 JUSQU'EN 1270

1 vol. in-16, cart. toile. 2 50

HISTOIRE DE L'EUROPE ET DE LA FRANCE
DE 1270 A 1610

1 vol. in-16, cart. toile. 3 50

HISTOIRE DE L'EUROPE ET DE LA FRANCE
DE 1610 A 1789

1 vol. in-16, cartonnage toile. 3 50

HISTOIRE DE L'EUROPE ET DE LA FRANCE
DE 1789 A 1889

(*En préparation.*)

LEÇONS DE LITTÉRATURE FRANÇAISE

Par M. L. PETIT DE JULLEVILLE

Professeur à la Faculté des lettres de Paris.

I. **Des origines à Corneille.** — Origines de la langue française, onzième et douzième siècles; treizième siècle; quatorzième siècle; quinzième siècle; seizième siècle, les poètes. — Seizième siècle, les prosateurs. — Dix-septième siècle (avant Corneille), 1601-1630. 1 vol. in-18, relié toile anglaise. . . . . 2 fr.

II. **De Corneille à nos jours.** — Dix-septième siècle, deuxième période (1631-1660), les poètes; deuxième période (1631-1660), les prosateurs; troisième période (1661-1700), les prosateurs. — Dix-huitième siècle, première période (1701-1720); deuxième période (1721-1750); troisième période (1751-1780); quatrième période (1781-1800). — Dix-neuvième siècle, première période (1801-1820); seconde période (1821-1848), les contemporains (1849-1890). 1 vol. in-18, relié toile anglaise. . . . . 2 fr.

22037. — Paris, Imprimerie LAHURE, rue de Fleurus, 9.

www.ingramcontent.com/pod-product-compliance
Lightning Source LLC
Chambersburg PA
CBHW060118170426
43198CB00010B/946